2025년판

VOL.1

한눈에 보는 COMPACT
민사집행법

변호사/법학박사 이관형 著

머리말

    이 책은 변호사시험 민사법에서 필요한 민사집행법 내용만을 담았습니다. 출제되는 판례와 필요한 개념 위주로 서술하다 보니 민사집행법 전반에 관한 모든 내용을 담지는 못했습니다. 하지만 변호사시험 선택형, 사례형, 기록형 문제를 해결함에는 부족함이 없다고 봅니다.

    육아로 힘든 와중에도 틈틈이 교정 작업을 해주어서 본 책이 출간될 수 있도록 해준 아내와 하루에 한 번 천사의 미소로 저에게 웃음을 안겨주는 딸에게 감사함과 사랑을 표합니다. 끝으로, 부디 이 책이 모쪼록 여러분의 합격에 도움이 되길 간절히 기원합니다.

이관형 변호사, 법학박사 올림.

Chapter 01. 총론

제1장 민사집행의 의의와 종류 ·· 3
    Ⅰ. 의의 ··· 3
    Ⅱ. 종류 ··· 3

제2장 민사집행의 기본원칙 ·· 9
    Ⅰ. 처분권주의 ··· 9
    Ⅱ. 직권주의 ··· 9
    Ⅲ. 형식주의 ··· 9
    Ⅳ. 신속주의 ··· 10
    Ⅴ. 서면주의 ··· 10

제3장 민사집행의 주체 ·· 10
    Ⅰ. 집행기관 ··· 10
    Ⅱ. 집행당사자 ··· 12
    Ⅲ. 집행당사자적격과 변동 ·· 14

제4장 민사집행의 객체 ·· 17
    Ⅰ. 책임재산 ··· 17
    Ⅱ. 유한책임 ··· 19

Chapter 02. 강제집행

제1장 강제집행의 요건 ... 21
제1절 집행권원 ... 21
  Ⅰ. 의의 ... 21
  Ⅱ. 각종의 집행권원 ... 21
제2절 집행문 ... 25
  Ⅰ. 의의 ... 25
  Ⅱ. 집행문의 종류 ... 25
  Ⅲ. 집행문 부여 등에 대한 구제수단 ... 30

제2장 강제집행의 진행 ... 35
제1절 강제집행의 개시 ... 35
  Ⅰ. 개시요건 ... 35
  Ⅱ. 집행장애 ... 36
제2절 강제집행의 정지·취소 ... 37
  Ⅰ. 강제집행의 정지 및 서류 ... 37
  Ⅱ. 집행처분의 취소 ... 37
  Ⅲ. 집행비용 ... 37

제3장 위법집행과 부당집행에 대한 구제 ... 38
제1절 위법집행에 대한 구제방법 ... 38
  Ⅰ. 즉시항고 ... 38
  Ⅱ. 집행에 관한 이의신청 ... 40
  Ⅲ. 사법보좌관의 처분에 대한 이의신청 ... 41
제2절 부당집행에 대한 구제방법 ... 41
  Ⅰ. 청구이의의 소 ... 41
  Ⅱ. 제3자이의의 소 ... 49
  Ⅲ. 부당이득과 손해배상 ... 55

제4장 금전집행 ... 57
제1절 재산명시절차 ... 57

  Ⅰ. 재산명시절차 ·· 57
  Ⅱ. 재산조회 ·· 58
  Ⅲ. 채무불이행자명부등재 ·· 58
제2절 부동산강제집행 ·· 60
  제1관 일반론 ·· 60
    Ⅰ. 의의 ·· 60
    Ⅱ. 압류 ·· 60
    Ⅲ. 매각에 의한 부동산상 부담의 처리 ······································ 62
    Ⅳ. 채권자가 경합하는 경우 - 평등주의 ··································· 65
  제2관 강제경매 ··· 66
    Ⅰ. 강제경매의 개시 ·· 67
    Ⅱ. 채권자 경합의 집행절차 ·· 69
    Ⅲ. 매각준비절차 ··· 73
    Ⅳ. 일괄매각 ·· 75
    Ⅴ. 매각실시절차 ··· 76
    Ⅵ. 매각결정절차 ··· 77
    Ⅶ. 대금지급 ·· 78
    Ⅷ. 배당절차 ·· 80
제3절 선박 등에 대한 강제집행(준부동산집행) ······························· 93
제4절 동산집행 ·· 94
  제1관 유체동산에 대한 강제집행 ·· 94
    Ⅰ. 의의 ·· 94
    Ⅱ. 압류 ·· 94
    Ⅲ. 현금화 ·· 95
    Ⅳ. 배당절차 ·· 96
  제2관 채권집행 ··· 97
    Ⅰ. 압류 ·· 97
    Ⅱ. 현금화 절차 ·· 107

Chapter 03. 담보권실행 등을 위한 경매

제1장 총설 ··· 118
    Ⅰ. 의의 ··· 118
    Ⅱ. 담보권의 부존재·소멸 등의 경우와 경매의 효력 ·························· 118

제2장 부동산에 대한 담보권 실행 ··· 119
    Ⅰ. 경매절차 ··· 119
    Ⅱ. 임의경매에서의 구제방법 ·· 122

제3장 유체동산에 대한 담보권실행 ··· 123

제4장 채권 그 밖의 재산권에 대한 담보권실행 등 ······························ 123
    Ⅰ. 의의 ··· 123
    Ⅱ. 물상대위권에 기한 담보권행사 ·· 123

제5장 형식적 경매 ··· 126
    Ⅰ. 의의 ··· 126
    Ⅱ. 유치권에 의한 경매 ··· 126

Chapter 04. 보전처분

제1장 일반론 ··· 128
    Ⅰ. 보전처분의 의의 ··· 128
    Ⅱ. 보전처분의 특성 ··· 129
    Ⅲ. 부당한 보전처분으로 인한 손해배상청구 ································· 130

제2장 가압류절차 ··· 131
제1절 일반론 ··· 131
    Ⅰ. 의의 ··· 131
    Ⅱ. 요건 ··· 132
제2절 가압류명령절차 ··· 132
    Ⅰ. 관할 ··· 132
    Ⅱ. 가압류신청 ··· 132
    Ⅲ. 심리 및 재판 ··· 135

제3절 가압류재판에 대한 불복절차 ·· 135
    I. 즉시항고 ··· 135
    II. 이의신청 ·· 135
    III. 취소신청 ··· 136
    IV. 가압류의 유용 ··· 137
제4절 가압류집행 ·· 137
    I. 의의 ·· 137
    II. 집행요건에 관한 특칙 ·· 137
    III. 가압류집행의 방법 ··· 138
    IV. 가압류집행의 효력 ··· 139
    V. 가압류집행의 취소 ·· 141
    VI. 본집행으로의 이행 ··· 142

제3장 가처분절차 ·· 143
제1절 일반론 ·· 143
    I. 의의 ·· 143
제2절 가처분명령절차 ·· 143
    I. 가처분의 기본유형 ·· 143
    II. 가처분의 신청요건 ··· 147
    III. 가처분의 신청 및 재판 ··· 148
제3절 가처분집행절차 ·· 150
제4절 가처분의 효력 ·· 150
    I. 가처분과 기판력 ·· 150
    II. 점유이전금지가처분의 효력 ·· 150
    III. 처분금지가처분의 효력 ··· 151
    IV. 임시의 지위를 정하기 위한 가처분의 효력 ··················· 154
제5절 가처분 등의 경합 ·· 156
    I. 가처분과 가처분의 경합 ·· 156
    II. 가처분과 가압류의 경합 ·· 156
    III. 가압류 · 가처분과 강제집행의 경합의 경우 우열관계 ········· 157

부록 판례색인 ··· 159

2026 대비
한 눈에 보는
COMPACT
민사집행법

변호사, 법학박사 이관형

Chapter 01 총론

제1장 민사집행의 의의와 종류

Ⅰ. 의의

민사집행법은 강제집행, 담보권 실행을 위한 경매, 민법·상법, 그 밖의 법률의 규정에 의한 경매(이하 "민사집행"이라 한다) 및 보전처분의 절차를 규정하고 있다. 즉, 민사집행법의 체계는 총칙(1편), 강제집행(2편), 담보권 실행 등을 위한 경매(3편), 보전처분(4편)으로 되어 있다.

Ⅱ. 종류

1. 강제집행

가. 의의

강제집행절차는 집행권원을 취득한 집행채권자의 신청에 의하여 국가의 집행기관이 집행채권자를 위하여 집행권원에 표시된 사법상의 이행청구권을 강제적으로 실현하는 법적 절차이다. 강제경매는 본질적으로 매수인과 소유자인 채무자 사이의 매매이다(대법원 1991. 10. 11. 선고 91다21640 판결). 그런데 경매를 매매와 완전 동일하게 다룰 수는 없기에 민법 제578조와 580조 2항에서 경매에 관한 특칙을 두고 있다.

> **관련판례**
>
> 민법은 제570조부터 제584조까지 매도인의 담보책임을 규정하면서 제578조와 제580조 제2항에서 '경매'에 관한 특칙을 두고 있다. 민법이 특칙을 둔 취지는 경매의 사법상 효력이 매매와 유사하다고는 하나, 매매는 당사자 사이의 의사합치에 의하여 체결되는 것인 반면 경매는 매도인의 지위에 있는 채무자 의사와 무관하게 국가기관인 법원에 의하여 실행되어 재산권이 이전되는 특수성이 있고, 이러한 특수성으로 인해 경매절차에 관여하는 채권자와 채무자, 매수인 등의 이해를 합리적으로 조정하고 국가기관에 의하여 시행되는 경매절차의 안정도 도모할 필요가 있으므로, 일반 매매를 전제로 한 담보책임 규정을 경매에 그대로 적용하는 것은 부당하다는 고려에 따른 것이다. 따라서 민법 제578조와 민법 제580조

제2항이 말하는 '경매'는 민사집행법상의 강제집행이나 담보권 실행을 위한 경매 또는 국세징수법상의 공매 등과 같이 국가나 그를 대행하는 기관 등이 법률에 기하여 목적물 권리자의 의사와 무관하게 행하는 매도행위만을 의미하는 것으로 해석하여야 한다(대법원 2016. 8. 24. 선고 2014다80839 판결).

나. 판결절차와의 구별

강제집행절차는 집행권원의 내용을 실현하는 절차로서, 집행권원을 만드는 절차인 판결절차와는 다르다. 이러한 강제집행절차를 배제하기 위한 경우로 청구이의의 소(44조), 제3자이의의 소(48조), 집행문부여에 대한 이의의 소가 있으며, 판결절차와 강제집행 절차를 조절하는 방법으로 집행정지 등의 잠정처분(46조, 48조 3항)이 주로 활용된다.

다. 강제집행의 종류

1) 법전상의 분류

금전집행과 비금전집행이 있다. 금전집행에는 부동산집행, 선박 등 집행, 동산집행 등이, 비금전집행에는 물건 인도를 구하는 청구권의 집행, 작위·부작위를 구하는 청구권의 집행, 의사표시를 구하는 청구권의 집행 등이 있다.

2) 방법상의 분류

직접강제, 간접강제, 대체집행이 있다. 직접강제는 채무의 성질상 금전채무 및 물건의 인도채무처럼 직접적인 강제가 가능한 경우를 말하고, 간접강제란 부작위채무 또는 부대체적 작위채무와 같이 늦어진 기간에 따라 일정한 배상을 하도록 명하거나 즉시 손해배상을 하도록 하는 경우이다. 그리고 대체집행이란, 채무자로부터 비용을 지급받아 채권자나 제3자로 하여금 채무자를 대신하여 강제집행을 하게 하는 것을 뜻한다.

> **▎관련판례**
> 1. 부대체적 작위의무의 이행으로서 장부 또는 서류의 열람·복사를 허용하라는 판결 등의 집행을 위한 간접강제결정에서 채무자로 하여금 의무위반 시 배상금을 지급하도록 명한 경우, 채권자는 특정 장부 또는 서류의 열람·복사를 요구한 사실, 그것이 본래의 집행권원에서 열람·복사 허용을 명한 장부 또는 서류에 해당한다는 사실 등을 증명함으로써 간접강제결정에 집행문을 받을 수 있다. 한편 채무자는 위와 같은 조건이 성취되지 않았음을 다투는 집행문부여에 대한 이의의 소를 통해

간접강제결정에 기초한 배상금채권의 집행을 저지할 수 있다. 아울러 채무자는 부대체적 작위의무를 이행하였음을 내세워 청구이의의 소로써 본래의 집행권원인 판결 등의 집행력 자체를 배제해 달라고 할 수 있고, 그 판결 등을 집행권원으로 하여 발령된 간접강제결정에 대하여도 청구이의의 소를 제기할 수 있다. 부대체적 작위의무는 채무자의 의무이행으로 소멸하므로 이 경우 채무자는 판결 등 본래의 집행권원에 기한 강제집행을 당할 위험에서 종국적으로 벗어날 수 있어야 하고, 또한 간접강제결정은 부대체적 작위의무의 집행방법이면서 그 자체로 배상금의 지급을 명하는 독립한 집행권원이기도 하므로, 본래의 집행권원에 따른 의무를 이행한 채무자는 그 의무이행 시점 이후로는 간접강제결정을 집행권원으로 한 금전의 강제집행을 당하는 것까지 면할 수 있어야 하기 때문이다. 간접강제결정에서 부대체적 작위의무를 위반한 때부터 의무이행 완료 시까지 위반일수에 비례하여 배상금 지급을 명한 경우, 그에 대한 청구이의의 소에서 채무자는 간접강제의 대상인 작위의무를 이행했음을 증명하여 의무이행일 이후 발생할 배상금에 관한 집행력 배제를 구할 수 있지만, 이미 작위의무를 위반한 기간에 해당하는 배상금 지급의무는 소멸하지 아니하므로 그 범위 내에서 간접강제결정의 집행력은 소멸하지 않는다(대법원 2023. 2. 23. 선고 2022다277874 판결).

2. 부작위채무에 관하여 판결절차의 변론종결 당시에 보아 부작위채무를 명하는 집행권원이 성립하더라도 채무자가 이를 단기간 내에 위반할 개연성이 있고, 또한 판결절차에서 민사집행법 제261조에 의하여 명할 적정한 배상액을 산정할 수 있는 경우에는 판결절차에서도 채무불이행에 대한 간접강제를 할 수 있다. 또한 부대체적 작위채무에 관하여서도 판결절차의 변론종결 당시에 보아 집행권원이 성립하더라도 채무자가 부대체적 작위채무를 임의로 이행할 가능성이 없음이 명백하고, 판결절차에서 채무자에게 간접강제결정의 당부에 관하여 충분히 변론할 기회가 부여되었으며, 민사집행법 제261조에 의하여 명할 적정한 배상액을 산정할 수 있는 경우에는 판결절차에서도 채무불이행에 대한 간접강제를 할 수 있다(대법원 2021. 7. 22. 선고 2020다248124 전원합의체 판결).

3. 채권자가 채무자로부터 추심한 간접강제 배상금은 채무자의 동일한 작위·부작위의무의 불이행에 따른 손해의 전보에 충당된다. 그러므로 채무자로 하여금 채권자에 대한 작위·부작위의무 불이행으로 인한 손해배상을 명하는 판결이 확정되는 경우에도, 이미 동일한 작위·부작위의무에 대한 간접강제 배상금이 지급되었다면, 확정판결에서 정한 손해가 간접강제 배상금을 초과하는 부분이 아닌 이상, 채권자가 지급받은 간접강제 배상금과 별도로 확정판결에 따른 손해배상금을 추심할 수는 없다(대법원 2022. 11. 10. 선고 2022다255607 판결).

3) 효과상의 분류

집행력 있는 정본에 기한 집행인 본집행, 가집행선고가 있는 판결에 기한 집행인 가집행, 가압류·가처분결정에 기한 집행인 보전집행으로 나누어진다.

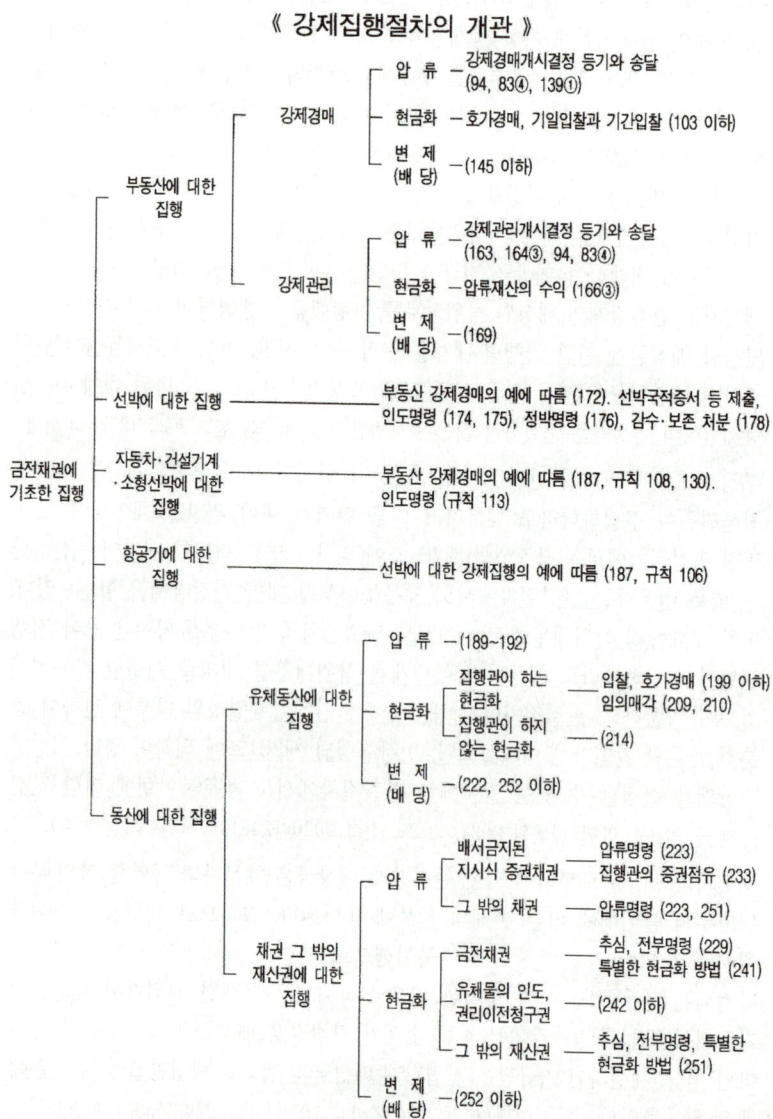

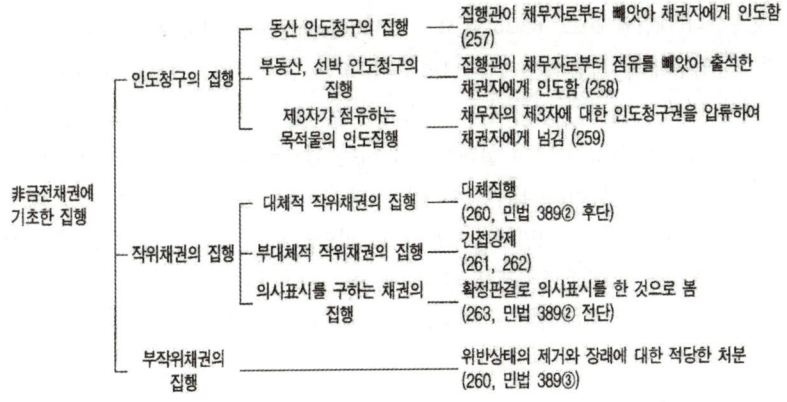

2. 담보권실행을 위한 경매(임의경매)

가. 의의

담보권실행을 위한 경매란 담보권(저당권, 가등기담보권, 질권, 전세권 등)에 내재된 현금화 권리를 실행하여 피담보채권의 만족을 얻는 절차를 말하며, 임의경매라고도 한다.

나. 강제집행절차와의 구별

강제집행은 집행권원이 요구되나, 담보권실행을 위한 경매에는 집행권원이 요구되지 않는다는 점에서 구별된다. 그렇기 때문에 집행권원을 확보할 절차 없이 신속하게 경매절차가 진행된다는 장점이 있다. 근저당권을 실행하는 경우를 상정하면 된다.

강제집행 절차에서 집행권원 자체가 무효 또는 부존재인 경우에는 매수인은 소유권을 취득하지 못하나, 집행권원이 유효한 경우에는 집행권원에 표시된 청구권이 부존재 또는 소멸된 경우에도 매수인은 소유권을 취득한다. 이에 반하여 담보권실행을 위한 경매절차에서 담보권이 애당초 부존재하거나 원인무효인 경우에는 매수인은 소유권을 취득하지 못한다. 담보권이 소멸된 경우에는 법 267조의 '매수인의 부동산 취득은 담보권 소멸로 영향을 받지 아니한다'는 규정의 해석과 관련하여 경매개시결정이전에 담보권이 소멸한 경우에는 매수인은 소유권을 취득하지 못하고, 경매개시결정 이후에 담보권이 소멸한 경우에는 매수인은 소유권을 취득한다(대법원 2022. 8. 25. 선고 2018다205209 전원합의체 판결).

즉, 임의경매의 정당성은 실체적으로 유효한 담보권의 존재에 근거하므로, 담보권에 실체적 하자가 있다면 그에 기초한 경매는 원칙적으로 무효이다. 특히 채권자가 경매를 신청할 당시 실행하고자 하는 담보권이 이미 소멸하였다면, 그 경매개시결정은 아무런 처분권한이 없는 자가 국가에 처분권을 부여한 데에 따라 이루어진 것으로서 위법하다. 그러므로 피담보채권이 소멸되어 무효인 근저당권에 기초하여 임의경매절차가 개시되고 매수인이 해당 부동산의 매각대금을 지급하였더라도, 그 경매절차는 무효이므로 매수인은 부동산의 소유권을 취득할 수 없다. 이와 같이 경매가 무효인 경우 매수인은 경매채권자 등 배당금을 수령한 자를 상대로 그가 배당받은 금액에 대하여 부당이득반환을 청구할 수 있다(대법원 2023. 7. 27. 선고 2023다228107 판결).

> ▎ **관련판례**
>
> 이미 소멸한 근저당권에 기하여 임의경매가 개시되고 매각이 이루어진 경우, 그 경매의 효력은 무효이고, 민사집행법 제267조는 경매개시결정이 있은 뒤에 담보권이 소멸하였음에도 경매가 계속 진행되어 매각된 경우에만 적용된다(대법원 2022. 8. 25. 선고 2018다205209 전원합의체 판결).

3. 형식적 경매

가. 의의

형식적 경매란 유치권에 의한 경매, 민법(공유물분할경매)·상법(단주매매)·그 밖의 법률이 규정하는 바에 따른 경매(공장 및 광업재단저당법)를 말한다. 이를 유치권 등에 의한 경매라고 한다. 형식적 경매는 담보권실행을 위한 경매의 예에 따른다.

나. 임의경매와의 구별

유치권에는 우선변제권이 없고, 유치권자는 일반채권자와 동일한 순위로 배당받을 수 있다(대법원 2011. 8. 18. 선고 2011다35593 판결).

4. 보전처분

가. 의의
장래의 집행에 대비하는 절차로서 가압류·가처분절차를 말한다. 가압류·가처분 재판절차와 가압류·가처분집행절차를 통틀어 집행보전절차라고 한다.

나. 종류
가압류절차는 금전채권이나 금전으로 환산할 수 있는 채권의 집행보전절차를 말하며, 가처분절차는 그 밖의 권리나 법률관계의 집행보전절차를 말한다. 가처분은 금전채권 외의 청구권의 보전을 목적으로 하는 가처분인 다툼의 대상에 관한 가처분(법 300조 1항), 잠정적으로 법적 지위를 정하는 가처분인 임시의 지위를 정하기 위한 가처분(법 300조 2항)이 있다.

제2장 민사집행의 기본원칙

Ⅰ. 처분권주의
보전처분절차를 포함한 민사집행절차에서는 처분권주의가 적용된다(23조 1항).

Ⅱ. 직권주의
경매개시결정에 대한 이의 신청의 재판절차에는 민사소송법상 재판상 자백이나 자백간주에 관한 규정은 준용되지 않는다(대법원 2015. 9. 14. 자 2015마813 결정).

Ⅲ. 형식주의
집행기관은 집행권원, 집행문, 집행권원 등의 채무자에의 송달 등 집행요건과 집행개시요건 등 형식적 사항을 심사하며, 집행권원의 합법성·정당성은 심사하지 않는다.

IV. 신속주의

민사집행절차에서는 즉시항고시 항고장 제출일부터 10일 내에 항고이유서를 원심법원에 제출해야 한다(법 15조 3항). 즉, 민사집행절차에서는 항고이유서 제출 강제주의가 적용된다. 그리고, 집행의 신속을 위하여 확정된 지급명령·이행권고결정이나 배상명령 등에 대해서는 집행문을 요구하지 않는다.

또한, 법 제15조 제3항에 의한 항고이유서 제출 기간은 불변기간이 아니므로, 소송행위의 추후 보완에 관한 민사소송법 제173조가 항고이유서 제출 기간에 적용되지 않는바, 항고인이 책임질 수 없는 사유로 말미암아 항고이유서 제출기간을 지킬 수 없었던 경우에는 법원이 제출 기간이 지난 후에라도 민사소송법 제172조 제1항에 의하여 항고이유서 제출기간을 늘릴 수 있다(대법원 2024. 6. 27. 자 2024마5813 결정).

V. 서면주의

민사집행의 신청 등은 서면으로 해야 한다(법 4조, 30조 2항, 31조 1항).

> **▌관련판례**
>
> 채무자가 압류금지채권의 목적물이 입금된 예금채권을 압류당한 다음에 압류명령의 전부 또는 일부의 취소를 구하는 내용의 서면을 집행법원에 제출한 경우에 집행법원으로서는 위와 같은 서면에 즉시항고나 이의신청 등의 다른 제목이 붙어 있다 하더라도 특별한 사정이 없는 한 이를 민사집행법 제246조 제2항에 정한 압류명령의 취소 신청으로 보고 이에 대한 판단을 하여야 한다(대법원 2008. 12. 12. 자 2008마1774 결정).

제3장 민사집행의 주체

I. 집행기관

집행기관은 집행관, 집행법원, 제1심 법원으로 구분되어 있다.

1. 집행관

집행관은 4년 단임제이며(집행관법 4조 2항), 사건당사자가 지급하는 수수료로 수입을 충당한다(집행관법 19조 1항). 집행관은 지방법원장이 10년 이상의 법원주사보, 등기주사보, 검찰주사보, 마약수사주사보(7급) 이상의 직급으로 근무했던 사람 중에서 대법원규칙이 정하는 정원 내에서 임명한다. 집행관이 집행기관으로서 하는 집행으로는, 유체동산에 대한 강제집행과 담보권실행 등을 위한 경매, 유체동산에 대한 가압류집행(법 189조 이하, 272조·274조·296조), 유체동산·부동산·선박의 인도집행(법 257조, 258조) 등이 있다.

전자등록주식 등을 매각하는 주체는 집행관이므로, 비상장 전자등록주식으로서 거래시장에서의 자유로운 매매가 어렵고 시장가격 기타 적정한 가액의 산정이 곤란한 경우에는, 집행법원은 민사집행규칙 제182조의5 제1항에 따른 매각명령의 방법으로 집행관으로 하여금 전자등록주식 등을 직접 매각하도록 명할 수 있다(대법원 2023. 11. 7. 자 2023그591 결정).

당사자 또는 이해관계인은 집행관의 집행실시에 대하여 집행법원에 집행에 관한 이의신청을 할 수 있다(법 16조).

2. 집행법원

가. 의의

집행법원은 법률에 특별히 지정되어 있지 않으면 집행절차를 실시할 곳이나 실시한 곳을 관할하는 지방법원이 된다(법 3조 1항). 재판적은 전속관할이다(법 21조). 집행법원의 업무는 지방법원 단독판사 또는 사법보좌관이 담당한다.

나. 사법보좌관의 업무

집행절차에서 상당 부분의 업무를 담당한다. 주로 법원의 업무 중 상대적으로 쟁송성이 없는 업무를 전담한다. 가령, 집행문부여, 채무불이행자명부등재, 재산조회(재산명시절차는 해당하지 않는다), 부동산강제경매, 유체동산집행 중 압류물의 인도 및 특별현금화명령, 채권 그 밖의 재산권에 대한 강제경매, 담보권실행을 위한 경매, 유치권 등에 의한 경매, 제소명령절차, 가압류·가처분의 집행취소절차, 부동산집행절차에서의 인도명령·관리명령, 채권집행에서 특별현금화명령등도 포함한다. 다만, 부동산집행에서 경매개시결정에 대한 이의신청, 채권집행에서 채권추심액의 제한허가, 압류금지채권의 범위변경 등은 여전히 판사의 업무이다. 쟁송성이 있는 분야로 이해하면 될 것이다.

다. 집행법원의 재판

집행법원 재판의 형식은 결정으로 하나, 제3자 이의의 소 등의 경우는 판결로 한다. 심문은 반드시 열어야 하는 경우도 있고 그렇지 않은 경우도 있다. 집행절차에 관한 집행법원의 재판에 대해서는 특별한 규정이 있는 경우에 한하여 즉시항고를 할 수 있다(15조 1항). 집행법원의 집행절차에 관한 재판으로서 즉시항고를 할 수 없는 경우에는 집행에 관한 이의신청을 할 수 있다(16조 1항).

3. 제1심 법원

제1심 법원은 제1심 수소법원을 말하고, 이는 집행권원을 만든 소송절차의 계속 중에 있거나 계속되어 있던 법원을 말한다. 제1심법원을 예외적으로 집행기관으로 한 것은 제1심법원이 사건 내용을 잘 알고 있기 때문이다.

II. 집행당사자

1. 의의

강제집행절차에서 대립하는 두 당사자를 채권자(또는 집행채권자), 채무자(또는 집행채무자)라고 한다.

2. 당사자 확정

강제집행절차에서 당사자는 이른바 표시설에 따라 집행력 있는 정본이 누구를 위하여 누구에 대하여 부여되었는지의 표시에 의하여 확정된다(29조 2항).

> **▌ 관련판례**
>
> 1. 집행의 채무자가 누구인지는 집행문을 누구에 대하여 내어 주었는지에 의하여 정하여지고, 집행권원의 채무자와 동일성이 없는 사람 등 집행의 채무자적격을 가지지 아니한 사람이라도 그에 대하여 집행문을 내어 주었으면 집행문부여에 대한 이의신청 등에 의하여 취소될 때까지는 집행문에 의한 집행의 채무자가 된다(대법원 2016. 8. 18. 선고 2014다225038 판결).

2. 주주대표소송의 주주와 같이 다른 사람을 위하여 원고가 된 사람이 받은 확정판결의 집행력은 확정판결의 당사자인 원고가 된 사람과 다른 사람 모두에게 미치므로, 주주대표소송의 주주는 집행채권자가 될 수 있다(대법원 2014. 2. 19. 자 2013마2316 결정).
3. 甲이 乙 회사를 상대로 승소확정판결을 받았음에도 丙회사에 대한 승계집행문 부여가 거절되자 丙회사를 상대로 승계집행문부여의 소를 제기한 사안에서, 乙 회사와 丙회사가 기업의 형태·내용이 실질적으로 동일하고 회사는 회사의 채무를 면탈할 목적으로 설립된 것으로서 회사가 회사의 채권자에 대하여 회사와는 별개의 법인격을 가지는 회사라는 주장을 하는 것이 신의칙에 반하거나 법인격을 남용하는 것으로 인정되는 경우에도 권리관계의 공권적인 확정 및 그 신속·확실한 실현을 도모하기 위하여 절차의 명확·안정을 중시하는 소송절차 및 강제집행절차에서는 그 절차의 성격상 회사에 대한 판결의 기판력 및 집행력의 범위를 회사에까지 확장하는 것은 허용되지 않는다(대법원 1995. 5. 12. 선고 93다44531 판결).

3. 당사자능력과 소송능력

집행채권자 또는 집행채무자로 되기 위해서는 당사자능력이 있어야 한다. 당사자능력이 없는 사람 또는 그에 대한 집행은 무효이다. 집행당사자가 스스로 집행절차에 관여하여 집행기관에 대하여 집행법상의 소송행위를 하려면 소송능력이 있어야 하는데, 채무자는 집행행위에 관여하지 않으므로 원칙적으로 소송능력을 요하지 않고, 다만 능동적으로 소송행위를 하여야 하는 경우에는 민사소송법과 동일한 법리가 적용된다.

▎ 관련판례

1. 당사자능력이 없는 단체를 상대로 한 보전처분 결정의 효력은 무효이고, 그 단체의 대표자로 표시된 자가 단체의 이름으로 보전처분 이의신청을 하거나 항고를 제기한 경우, 법원이 취할 조치는 각하이다(대법원 2016. 8. 18. 선고 2014다225038 판결).

2. 사망한 자를 채무자로 한 가압류신청은 부적법하고 위 신청에 따른 가압류결정이 있었다 하여도 그 결정은 당연무효라고 할 것이며, 그 효력이 상속인에게 미친다고 할 수는 없는 것이므로 채무자표시를 상속인으로 할것을 이미 사망한 피상속인으로 잘못 표시하였다는 사유는 결정에 명백한 오류가 있는 것이라고 할 수 없고 따라서 결정을 경정할 사유에 해당한다 할 수 없다(대법원 1991. 3. 29. 자 89그9 결정).

3. 가압류 신청당시 생존하고 있던 채무자가 가압류 결정직전에 사망하였다거나 수계절차를 밟음이 없이 채무자명의로 결정이 된 경우에 그 가압류결정을 당연무효라고 할 수 없다(대법원 1976. 2. 24. 선고 75다1240 판결).

4. 이미 사망한 자를 채무자로 한 처분금지가처분신청은 부적법하고 그 신청에 따른 처분금지가처분결정이 있었다고 하여도 그 결정은 당연무효로서 그 효력이 상속인에게 미치지 않는다고 할 것이므로, 채무자의 상속인은 일반승계인으로서 무효인 그 가처분결정에 의하여 생긴 외관을 제거하기 위한 방편으로 가처분결정에 대한 이의신청으로써 그 취소를 구할 수 있다(대법원 2002. 4. 26. 선고 2000다30578 판결).

III. 집행당사자적격과 변동

1. 집행당사자의 적격

누구를 위하여 또는 누구에 대하여 집행문을 주어야 하는지의 문제이다. 원칙적으로 집행당사자적격의 범위는 집행권원의 집행력이 미치는 주관적 범위에 따라 결정된다. 즉, 판결의 경우 집행력이 미치는 기판력의 주관적 범위(민소 218조)와 일치하는바, 해당 판결의 당사자(원·피고 등) 및 기판력이 미치는 제3자도 집행당사자적격이 있다.

▋ 관련판례

1. 채무명의에 표시된 채무자의 상속인이 상속을 포기하였음에도 불구하고, 집행채권자가 동인에 대하여 상속을 원인으로 한 승계집행문을 부여받아 동인의 채권에 대한 압류 및 전부명령을 신청하고, 이에 따라 집행법원이 채권압류 및 전부명령을 하여 그 명령이 확정되었다고 하더라도, 채권압류 및 전부명령이 집행채무자 적격이 없는 자를 집행채무자로 하여 이루어진 이상, 피전부채권의 전부채권자에게의 이전이라는 실체법상의 효력은 발생하지 않는다(대법원 2002. 11. 13. 선고 2002다41602 판결).

2. 상속인은 아직 상속 승인, 포기 등으로 상속관계가 확정되지 않은 동안에도 잠정적으로나마 피상속인의 재산을 당연 취득하고 상속재산을 관리할 의무가 있으므로, 상속채권자는 그 기간 동안 상속인을 상대로 상속재산에 관한 가압류결정을 받아 이를 집행할 수 있다. 그 후 상속인이 상속포기로 인하여 상속인의 지위를 소급하여 상실한다고 하더라도 이미 발생한 가압류의 효력에 영향을 미치지 않는다. 따라서 위 상속채권자는 종국적으로 상속인이 된 사람 또는 민법 제1053조에 따라 선임된 상속재산관리인을 채무자로 한 상속재산에 대한 경매절차에서 가압류채권자로서 적법하게 배당을 받을 수 있다(대법원 2021. 9. 15. 선고 2021다224446 판결).

3. 관리비 부과·징수에 있어서 집합건물의 관리단과 관리위탁계약에 따라 포괄적인 관리업무를 위탁받은 위탁관리업자가 집행당사자적격을 가진다. 건물 관리단으로부터 부여받은 관리비 채권에 관한 재판상 청구 권한을 근거로 확정판결을 받은 이상 위탁관리업자가 집행당사자 적격을 가지고 있다고 할 것이고, 건물 관리단이 확정판결에 관하여 승계집행문을 부여받지 않는 한 위탁관리업자의 집행당사자 적격이 소멸한다고 보기도 어렵다(대법원 2024. 9. 12. 선고 2023다225979 판결).

2. 집행당사자의 변동

가. 강제집행절차의 경우

1) 집행문 부여 전의 경우

집행당사자의 변동이 있는 경우 변동의 시기가 집행문 부여 전인 경우에는 새로운 적격을 취득한 사람을 위하여 또는 그 사람에 대하여 승계집행문을 부여받으면 된다.

2) 집행문 부여 후의 경우

집행문부여 후의 경우에도 원칙적으로 새로운 적격자를 위하여 또는 그 사람에 대하여 다시 승계집행문을 받아야 한다. 집행개시 후 채무자가 죽은 경우 승계집행문 없이 '상속재산'에 대하여 진행할 수 있으므로(법 52조 1항), 승계인의 고유재산은 집행대상이 되지 않는다.

나. 임의경매의 경우

담보권 실행의 경매 절차가 개시된 뒤 채무자 또는 소유자가 죽은 경우에는 절차가 그대로 속행된다(법 제275조, 제52조). 즉, 담보권 실행을 위한 경매절차에서 이미 죽은 사람을 채무자 또는 소유자로 표시하여 경매 신청을 했더라도, 이러한 당사자표시의 잘못은 분명한 흠으로서 경정결정에 의하여 시정될 수 있으므로 경매개시결정의 효력 자체에는 아무런 영향이 없다.

다. 보전처분절차의 경우

보전처분 절차가 개시된 후 채무자가 죽은 경우에는 절차가 속행된다. 가압류·가처분 결정의 피보전권리에 관하여 채권자 또는 채무자의 승계인이 있는 경우에 가압류·가처분집행 전이면 승계집행문을 받아 가압류·가처분집행을 할 수 있고(법 292조 1항, 301조), 가압류·가처분집행 후면 승계집행문 부여 없이 가압류·가처분에 의한 보전의 이익을 자신을 위하여 주장할 수 있다.

그런데, 보전처분 절차에서 이루어진 화해권고결정은, 당사자 쌍방의 양보를 전제로 당사자에게 화해를 권고하는 것으로서 당사자가 자유로이 처분할 수 있는 권리를 대상으로 할 수 있을 뿐 보전처분 신청과 보전처분에 대한 법원의 권한을 대상으로 삼을 수 없으므로 그 결정을 가압류·가처분에 대한 법원의 재판이라고 할 수 없고, 민사집행법 제23조 제1항, 민사소송법 제220조, 제231조에 따라 확정판결과 같은 효력을 가지므로 가압류·가처분에 대한 재판과 달리 민사집행법 제57조, 제28조에 따라 화해권고결정 정본에 집행문을 받아야 집행할 수 있고, 민사집행법 제292조 제2항, 제301조가 정하는 집행 기간의 제한을 받지 않는다(대법원 2022. 9. 29. 자 2022마5873 결정).

제4장 민사집행의 객체

Ⅰ. 책임재산

1. 의의

일반적으로 집행대상이 되는 것은 집행개시 당시의 채무자에 속하는 총 재산이고, 이를 책임재산이라 한다. 금전채권 집행의 경우에는 금전으로 현금화되는 채무자에 속한 모든 재산이 그 대상이 된다. 특정물인도청구권의 경우 채무자의 점유물이나 채무자의 제3자에 대한 특정물의 인도청구권이 집행대상이 되나, 특정물인도청구권이 이행불능으로 인해 손해배상청구권으로 바뀐다면 금전채권으로 전환되므로 결국 채무자의 일반재산이 집행대상이 된다.

2. 범위

가. 물적 범위

채무자에게 귀속하는 금전적 가치가 있는 모든 재산이 책임재산이 된다.

▌관련판례

소유권유보부매매는 동산을 매매함에 있어 매매목적물을 인도하면서 대금완납시까지 소유권을 매도인에게 유보하기로 특약한 것을 말하며, 이러한 내용의 계약은 동산의 매도인이 매매대금을 다 수령할 때까지 그 대금채권에 대한 담보의 효과를 취득·유지하려는 의도에서 비롯된 것이다. 따라서 부동산과 같이 등기에 의하여 소유권이 이전되는 경우에는 등기를 대금완납시까지 미룸으로써 담보의 기능을 할 수 있기 때문에 굳이 위와 같은 소유권유보부매매의 개념을 원용할 필요성이 없으며, 일단 매도인이 매수인에게 소유권이전등기를 경료하여 준 이상은 특별한 사정이 없는 한 매수인에게 소유권이 귀속되는 것이다. 한편, 자동차, 중기, 건설기계 등은 비록 동산이기는 하나 부동산과 마찬가지로 등록에 의하여 소유권이 이전되고, 등록이 부동산 등기와 마찬가지로 소유권이전의 요건이므로, 역시 소유권유보부매매의 개념을 원용할 필요성이 없는 것이다(대법원 2010. 2. 25. 선고 2009도5064 판결).

나. 시적 범위

집행을 개시할 당시 채무자에 속하는 재산이어야 하므로, 집행개시 전에는 채무자의 소유이었으나 집행개시 당시 이미 유효하게 처분한 재산은 과거의 재산으로 집행의 대상이 되지 않는다.

1) 채권자취소권

처분행위가 사해행위인 경우에는 채권자취소소송(민406조)을 제기하여 책임재산을 회복시켜 놓아야 하며, 담합에 의한 사해소송으로 책임재산을 감소 또는 소멸시키려고 할 경우에는 독립당사자 참가소송(사해방지참가)을 제기하여 이를 방지할 수 있다.

> **▌관련판례**
>
> 채권자가 사해행위의 취소와 함께 수익자 또는 전득자로부터 책임재산의 회복을 명하는 사해행위취소의 판결을 받은 경우 취소의 효과는 채권자와 수익자 또는 전득자 사이에만 미치므로, 수익자 또는 전득자가 채권자에 대하여 사해행위의 취소로 인한 원상회복 의무를 부담하게 될 뿐, 채권자와 채무자 사이에서 취소로 인한 법률관계가 형성되거나 취소의 효력이 소급하여 채무자의 책임재산으로 복구되는 것은 아니다. 이러한 사해행위취소의 상대적 효력에 의하면, 원고의 피고에 대한 청구의 원인행위가 사해행위라는 이유로 원고에 대하여 사해행위취소를 청구하면서 독립당사자참가신청을 하는 경우, 독립당사자참가인의 청구가 그대로 받아들여진다 하더라도 원고와 피고 사이의 법률관계에는 아무런 영향이 없고, 따라서 그러한 참가신청은 사해방지참가의 목적을 달성할 수 없으므로 부적법하다(대법원 2014. 6. 12. 선고 2012다47548 판결).

2) 채권자대위권

채무자가 한 법률행위를 취소하거나 해제·해지하여 재산을 취득할 수 있는 경우에는 채권자는 채권자대위권에 의하여 채무자의 책임재산으로 귀속시킬 수 있다.

3) 제3자이의의 소

책임재산 아닌 재산에 대한 집행의 경우, 제3자 소유의 재산이 압류되는 경우에는 제3자는 제3자이의의 소(법 48조)에 의하여 구제를 받을 수 있다.

II. 유한책임

1. 의의

물적 유한책임은 채무자의 고유재산과는 독립된 재산에 대한 책임을 말하는 데 반하여, 인적 유한책임은 채무자의 책임이 일정한 금액 한도에서 제한되나, 집행대상이 되는 재산에는 제한이 없다.

2. 한정승인

한정승인이 있으면 그 상속인은 상속으로 인하여 취득할 재산의 한도에서 피상속인의 채무와 유증을 변제하면 된다(1028조). 상속채권자가 상속인에게 상속채무의 이행을 구하는 소송을 제기한 경우에 상속인이 한정승인의 항변을 하면 법원은 어떠한 판결을 하여야 하는가. 기각 판결을 할 것이 아니라 전부인용판결을 하여야 한다. 다만, 법원은 채무의 이행을 명하는 판결의 주문에서 상속재산의 한도에서만 집행할 수 있다는 취지를 명시한다.

> **관련판례**
>
> 1. 승소판결인 집행권원 자체에 '상속재산의 범위 내에서만' 금전채무를 이행할 것을 명하는 것이 명시되어 있는 경우에 상속채권자가 한정승인을 한 고유재산에 대하여 강제집행을 하는 경우에는 제3자이의의 소를 제기하여 강제집행을 저지할 수 있고(대법원 2005. 12. 19. 자 2005그128 결정), 이행판결에 그러한 주문이 명시되어 있지 않으며 이행판결의 변론 종결 후 한정승인을 한 경우에는 상속인의 고유재산에 관한 강제집행에 대하여 청구이의의 소를 제기하여 집행을 저지할 수 있다(대법원 2006. 10. 13. 선고 2006다23138 판결).
> 2. 상속인이 상속 포기를 하였으나 상속채권자가 제기한 소송에서 사실심 변론종결시까지 이를 주장하지 않았으면 채권자의 승소판결 확정 후 청구이의의 소를 제기할 수 없다(대법원 2009. 5. 28. 선고 2008다79876 판결).
> 3. 상속채권자가 피상속인에 대하여는 채권을 보유하면서 상속인에 대하여는 채무를 부담하는 경우, 상속이 개시되면 위 채권 및 채무가 모두 상속인에게 귀속되어 상계적상이 생기지만, 상속인이 한정승인을 하면 상속이 개시된 때부터 민법 제1031조에 따라 피상속인의 상속재산과 상속인의 고유재산이 분리되는 결과가 발생하므로, 상속채권자의 피상속인에 대한 채권과 상속인에 대한 채무

사이의 상계는 제3자의 상계에 해당하여 허용될 수 없다. 즉, 상속채권자가 상속이 개시된 후 한정승인 이전에 피상속인에 대한 채권을 자동채권으로 하여 상속인에 대한 채무에 대하여 상계하였더라도, 그 이후 상속인이 한정승인을 하는 경우에는 민법 제1031조의 취지에 따라 상계가 소급하여 효력을 상실하고, 상계의 자동채권인 상속채권자의 피상속인에 대한 채권과 수동채권인 상속인에 대한 채무는 모두 부활한다(대법원 2022. 10. 27. 선고 2022다254154 판결).

4. 상속채권자가 아닌 한정승인자의 고유채권자가 상속재산에 관하여 저당권 등의 담보권을 취득한 경우, 담보권을 취득한 채권자와 상속채권자 사이의 우열관계는 민법상 일반원칙에 따라야 하고 상속채권자가 우선적 지위를 주장할 수 없다. 그러나 상속재산에 관하여 담보권을 취득하였다는 등 사정이 없는 이상, 상속채권자는 한정승인자의 고유채권자(상속인의 채권자)보다 우선하는 지위에 있다(대법원 2016. 5. 24. 선고 2015다250574 판결, 이관형 변호사 註 - 1순위 담보물권자, 2순위 상속채권자, 3순위 상속인의 채권자 순으로 배당표가 작성된다. 2순위와 3순위가 일반채권자로서 안분배당되지 않음에 주의해야 한다. 상속재산과 상속인의 고유재산이 분리됨에 따른 결과로 이해하면 된다).

Chapter 02 | 강제집행

제1장 강제집행의 요건

제1절 집행권원

Ⅰ. 의의

집행권원은 사법상의 일정한 급부청구권의 존재와 범위를 표시함과 동시에 강제집행으로 그 청구권을 실현할 수 있는 법률상 집행력을 인정한 공문서를 말한다. 이러한 실체법상 청구권이 없음에도 법원을 속여 편취한 집행권원의 경우에도 강제경매절차에서 매수인은 소유권을 취득할 수 있다(대법원 1996. 12. 20. 선고 96다42628 판결). 물론 집행당사자사이에서 부당이득청구의 대상이 된다.

Ⅱ. 각종의 집행권원

1. 확정된 종국판결

가. 확정판결

이행의무를 강제집행절차에 의하여 실현할 수 있는 효력인 좁은 의미의 집행력이 있는 이행판결을 말한다. 판결의 확정증명은 당사자의 신청에 의하여, 원칙적으로 제1심법원의 법원사무관 등이 내어 준다(민소 499조 1항). 기록이 상급심에 있을 때에는 상급법원의 법원사무관 등이 그 확정부분에 대해서만 내어 준다(민소 499조 2항). 확정판결에 대하여 추후보완상소 또는 재심의 소의 제기시에는 집행을 정지하기 위하여 집행정지의 잠정처분을 받아야 한다(민소 500조 2항). 잠정처분의 신청은 추후보완상소 또는 재심의 소의 관할법원에 해야 한다. 집행정지신청에 대한 결정에 대해서는 불복할 수 없고(민소 500조 3항), 특별항고에 의해야 한다(민소 49조).

나. 가집행선고를 붙일 수 있는 판결

좁은 의미의 집행력을 가지는 이행판결에 가능하다. 형성판결에서도 법률에 특별한 규정이 있거나 그 성질이 허용하는 경우에는 가집행을 붙일 수 있다. 예컨대 청구이의의 소, 제3자이의의 소에서 이미 잠정처분으로 내린 명령을 취소·변경 또는 인가판결을 할 때 직권으로 가집행선고를 한다(법 47조 2항, 48조 3항). 가집행선고는 직권으로 한다. 가집행선고 있는 판결은 즉시 집행력이 발생한다. 이에 대해서는 집행정지신청을 할 수 있다(민소 501조). 집행정지신청은 서면으로 해야 한다(민소규칙 144조).

다. 집행판결

집행판결(결정)은 외국재판 또는 중재판정에 관하여 이를 근거로 강제집행을 할 수 있음을 선언하는 판결(결정)이다(외국재판의 경우에는 집행판결, 중재판정의 경우에는 집행결정).

2. 집행증서

가. 의의

집행증서란 법령상 용어는 아니고 강제집행을 승낙하는 의사표시가 기재되어 민사집행법에 따른 강제집행의 집행권원이 되는 공정증서를 강학상, 실무상으로 지칭하는 용어이다(대법원 2020. 11. 26. 선고 2020두42262 판결).

> **▌관련판례**
>
> 강제집행에 있어서 채권자가 채무자에 대하여 가지는 집행채권의 범위는 채무명의에 표시된 바에 의하여 정하여지므로, 채무명의 즉, 집행력 있는 공정증서 정본상 차용원금채권 및 이에 대한 그 변제기까지의 이자 이외에 변제기 이후 다 갚을 때까지의 지연손해금채권에 대하여는 아무런 표시가 되어 있지 않은 한 그 지연손해금채권에 대하여는 강제집행을 청구할 수 없다(대법원 1994. 5. 13. 자 94마542 결정).

나. 효력

집행증서는 집행력만 인정되며 확정판결과 같은 기판력이 인정되지 않는다. 집행증서에 기재된 청구권이 부존재·불성립하거나 무효인 경우, 또는 집행증서 작성 전에 소멸한 경우에도 청구이의의 소를 제기할 수 있다(59조 3항).

> ▍관련판례
>
> 1. 집행증서에 관한 청구이의의 소를 제기하지 않고 그 공정증서의 작성원인이 된 채무에 관하여 채무부존재확인의 소를 제기한 경우 채무자의 목적이 오로지 공정증서의 집행력 배제에 있다고 할 수 없는 이상 청구이의의 소를 제기할 수 있다는 사정만으로 채무부존재확인소송이 확인의 이익이 없어 부적법하다고 볼 것은 아니다(대법원 2013. 5. 9. 선고 2012다4381 판결).
> 2. 공정증서에 대하여 청구이의를 하여 이 사건 공정증서 작성 전이나 그 후의 채권의 부존재, 불성립, 소멸 등의 이의 사유를 주장하여 그 집행력을 배제하는 것이 분쟁을 해결하는 가장 유효·적절한 수단이 되므로, 이 사건과 같이 원고가 권리 또는 법률상 지위에 현존하는 불안과 위험을 제거하는 가장 유효·적절한 수단인 청구이의의 소를 제기한 경우, 그와 함께 제기된 채무부존재확인청구의 소는 확인의 이익이 없다(대법원 2019. 11. 28. 선고 2019다235733 판결).
> 3. 집행증서가 집행권원으로 집행력을 가질 수 있도록 하는 집행승낙의 의사표시는 공증인에 대한 소송행위로서 이러한 소송행위에는 민법상 표현대리 규정이 유추적용 또는 준용될 수 없다(대법원 1994. 2. 22. 선고 93다42047 판결).

다. 무효

1) 형식적 무효

형식적 흠이 있는 때에는 그 집행증서 자체가 당연무효로서 집행력을 가질 수 없고, 이에 대해서는 집행문이 부여될 수 없다. 만일 집행문이 부여된 때에는 채무자는 집행문부여에 대한 이의신청으로써 집행력의 배제를 구할 수 있다.

2) 실체적 무효

실체적 흠이 있는 때에는 그 집행증서가 실체적으로는 무효이지만 집행증서로서의 성립요건을 갖춘 이상 형식적으로나마 유효한 집행증서로서 집행력을 가지고 있고, 이에 대하여 유효하게 집행문이 부여될 수 있으므로 채무자로서는 청구이의의 소에 의하여 그 집행력의 배제를 구해야 한다.

3. 판결 외의 결정·명령

가. 항고로만 불복할 수 있는 재판

결정·명령의 내용이 급여를 명하는 경우로서, 항고로만 불복할 수 있는 재판은 집행권원이 된다(법 56조 호). 소송비용액확정결정, 부동산인도명령 등이 있다.

나. 확정된 지급명령

사법보좌관의 업무인 지급명령(민소 462조)은 확정되면 확정판결과 같은 효력을 갖는바(민소 474조), 집행권원이 된다. 확정시기는 지급명령의 정본을 송달받은 날부터 2주 내 이의신청을 하지 않은 경우이다.

다. 확정된 이행권고결정

소액사건에서 이행권고결정은 확정되면 확정판결과 같은 효력을 가지므로, 집행권원이 된다. 이행권고결정은 사법보좌관의 업무이다.

라. 확정된 화해권고결정

화해권고결정은 확정되면 재판상 화해와 같은 효력이 있으므로(민소 231조), 집행권원이 된다.

마. 확정된 조정을 갈음하는 결정

조정을 갈음하는 결정(민사조정법 30조·32조) 역시 확정되면 재판상 화해와 같은 효력이 있으므로(민조 34조 4항), 집행권원이 된다.

바. 가압류 · 가처분명령

가압류·가처분은 그 집행에 대하여 원칙적으로 강제집행에 관한 규정을 준용하므로(법 291조·301조), 집행권원이 된다.

제2절 집행문

Ⅰ. 의의

집행문이란 집행권원에 집행력이 현재 있다는 것과 누가 집행당사자인지를 공증하기 위하여 집행문부여기관이 집행권원의 정본의 끝에 덧붙여 적는 공증문언을 말한다. 집행문에는 "이 정본은 피고 乙에 대한 강제집행을 실시하기 위하여 원고 甲에게 부여한다."라고 적고 법원사무관이 기명날인한다. 집행문으로써 집행기관은 집행력의 유무를 심사하지 않고 바로 집행에 착수할 수 있게 되어 신속한 집행이 확보된다.

Ⅱ. 집행문의 종류

1. 단순집행문

집행권원이 단순한 경우로서, 형식·내용이 유효한 집행권원이 존재하고, 그 집행권원의 집행력이 발생·존속하고 있으며, 집행권원의 내용이 집행가능하며, 당사자가 특정되어 있어야 내어 주는 집행문이다.

2. 조건성취집행문

가. 의의

조건성취집행문은 집행권원에 정지조건, 불확정기한, 선이행관계 등이 붙어 있는 경우 정지조건의 성취, 불확정기한의 도래, 선이행관계의 반대의무의 이행 등이 이루어졌음을 채권자가 증명하는 때에 한하여 재판장(사법보좌관)의 명령에 의하여 내어 주는 집행문이다.

나. 조건성취집행문을 받지 아니하는 경우

확정기한의 도래, 동시이행관계의 반대의무, 담보의 제공 등은 조건성취집행문의 부여요건이 아니라 집행개시요건이다. 다만 채무자의 의사표시의무가 조건 등에 걸린 경우에는 집행문부여요건이다(민집법 263조 2항).

3. 승계집행문

가. 의의

조건성취집행문은 집행권원에 정지조건, 불확정기한, 선이행관계 등이 붙어 있는 경우 정지조건의 성취, 불확정기한의 도래, 선이행관계의 반대의무의 이행 등이 이루어졌음을 채권자가 증명하는 때에 한하여 재판장(사법보좌관)의 명령에 의하여 내어 주는 집행문이다.

승계집행문은 집행권원에 표시된 채권자의 승계인을 위하여 또는 집행권원에 표시된 채무자의 승계인에 대한 집행을 위하여 내어 주는 집행문이다(민집법 31조 1항 본문). 승계집행문 부여의 요건은 집행권원에 표시된 당사자에 관하여 실체법적인 승계가 있었는지 여부이다. 승계집행문에는 "이 정본은 재판장 또는 사법보좌관의 명령에 의하여 피고 乙의 승계인 丙(주민등록번호 또는 주소)에 대한 강제집행을 실시하기 위하여 원고 甲에게 준다"라고 적는다.

문제되는 구체적인 상황으로 토지소유자 <u>甲이 임대인의 지위에서 임대차종료를 원인으로 한 원상회복청구의 일환으로 토지임차인 乙을 상대로 건물철거 및 대지인도청구의 소를 제기</u>하여 인용되어 확정되었다. 그런데, 이후 乙이 丙에게 이 건물을 임대해주었다는 사실을 뒤늦게 알게 되었다. 甲이 丙을 퇴거시키기 위한 방법으로 乙에 대한 승소판결의 효력이 미친다고 보면 승계집행문을 부여받아 간단하게 해결할 수 있겠지만, 판례는 집행청구권이 물권적 청구권으로 승계인이 채무자에 대하여, 또는 집행채권자가 채무자의 승계인에 대하여 대항할 수 있는 경우에 한하여 그 승계인에게 집행력이 미친다고 보는 입장(이른바 '실질설')을 취하고 있는바, 이 사건 소송물은 채권적청구권으로 승소판결의 효력이 미친다고 해석할 수 없으므로 丙을 상대로 토지소유권에 기한 건물퇴거청구를 별소로 제기하여야 한다. 만약, 이 사건에서 甲이 임대인의 지위가 아닌 토지소유자에 지위에서 소를 제기하여 승소판결을 받았다면 판결의 효력이 미친다고 해석되는바, 승계집행문을 부여받을 수 있다.

▎ 관련판례

　승계집행문은 판결에 표시된 채무자의 포괄승계인이나 판결에 기한 채무를 특정하여 승계한 자에 대한 집행을 위하여 부여하는 것인데, 이와 같은 강제집행 절차에서는 권리관계의 공권적인 확정 및 그 신속·확실한 실현을 도모하기 위하여 절차의 명확·안정을 중시하여야 하므로, 기초되는 채무가 판결에 표시된 채무자 이외의 자가 실질적으로 부담하여야 하는 채무라거나 채무가 발생하는 기초적인 권리관계가 판결에 표시된 채무자 이외의 자에게 승계되었다고 하더라도, <u>그 자가 판결에 표시된 채무자의 포괄승계인이거나 판결상의 채무 자체를 특정하여 승계하지 아니한 이상, 그 자에 대하여 새로이 채무의 이행을 소구하는 것은 별론으로 하고, 판결에 표시된 채무자에 대한 판결의 기판력 및 집행력의 범위를 채무자 이외의 자에게 확장하여 승계집행문을 부여할 수는 없으며</u>, 승계집행문 부여에 대한 이의의 소에서 승계사실에 대한 증명책임은 채권자인 피고에게 있다(대법원 2015. 1. 29. 선고 2012다111630 판결).

나. 승계집행문을 받아야 할 경우

1) 공동상속

　상속재산인 채권이 불가분채권인 경우에는 공동상속인들 중 한 사람이 자기를 위하여 전부 급부에 관한 승계집행문의 부여를 구하는 것이 허용되지 않으며 전원을 위하여 승계집행문의 부여를 구해야 하고, 불가문채무인 경우에도 상속인 전원에 대한 승계집행문이 필요하다. 가령, 甲이 乙에 대한 건물철거소송에서 승소한 이후 乙이 사망하여 공동상속인들이 존재하는 경우, 공동상속인들의 건물철거의무는 그 성질상 불가분채무이므로 각자가 그 지분의 한도 내에서 건물 전체의 철거의무를 지게 되므로, 공동상속인 전원에 대한 승계집행문이 있어야 철거집행이 가능하다.

2) 채권양도·채무인수

　채권자가 집행권원에 기하여 압류 및 추심명령을 받은 후 그 집행권원상의 채권(집행채권)을 양도했더라도 그 채권의 양수인이 기존 집행권원에 대하여 승계집행문을 부여받지 않았다면, 집행채권자의 지위에서 압류채권을 추심할 수 있는 권능이 있다고 볼 수 없다.

■ 관련판례

민사집행법 제248조에 따라 공탁이 이루어져 배당절차가 개시된 다음 집행채권이 양도되고 채무자에게 양도 통지를 했더라도, 양수인이 승계집행문을 부여받아 집행법원에 제출하지 않은 이상, 집행법원은 여전히 배당절차에서 양도인을 배당금 채권자로 취급할 수밖에 없다. 이러한 상태에서는 양수인이 집행법원을 상대로 자신에게 배당금을 지급하여 달라고 청구할 수 없다. 양수인이 집행채권 양수 사실을 집행법원에 소명하였다고 하더라도 마찬가지이다. 집행채권의 양도와 채무자에 대한 양도통지가 있었더라도, 승계집행문의 부여·제출 전에는 배당금채권은 여전히 양도인의 책임재산으로 남아 있게 된다. 따라서 승계집행문의 부여·제출 전에 양수인의 채권자가 위 배당금채권에 대한 압류 및 전부명령을 받았다고 하더라도, 이는 무효라고 보아야 한다(대법원 2019. 1. 31. 선고 2015다26009 판결).

집행권원상 채무인수를 한 사람은 승계인으로서 그 사람에 대하여 승계집행문의 부여를 구할 수 있다. 여기서 채무인수는 채무자의 채무를 소멸시켜 당사자인 채무자의 지위를 승계하는 이른바 면책적 채무인수를 말하고, 중첩적 채무인수는 당사자의 채무는 그대로 존속하며 이와 별개의 채무를 부담하는 것에 불과하므로 여기서 말하는 채무인수에 해당하지 않는다(대법원 2016. 5. 27. 선고 2015다21967 판결).

3) 변제자 대위

집행권원에 표시된 채무자를 위하여 집행권원에 표시된 채권자에게 변제(대위변제)한 사람은 법률에 의하여 채권자를 대위하므로(민 480조 1항, 81조) 채권자의 승계인으로서 승계집행문의 부여를 구할 수 있다. 연대채무자나 보증인이 주채무자와 함께 공동당사자가 된 집행권원의 경우 연대채무자나 보증인이 채권자에게 변제하고 다른 연대채무자 또는 주채무자에게 구상권을 행사하여 채권자의 승계인으로서 승계집행문을 구할 수 있다.

4) 선정당사자

집행권원에서 선정당사자가 채권자로 표시된 경우, 선정당사자가 단독으로 일괄하여 강제집행을 신청할 수 있지만, 선정자가 강제집행을 신청하기 위해서는 승계집행문을 부여받아야 한다. 한편 집행권원에서 선정당사자가 채무자로 표시된 경우에는 선정자에 대하여 승계집행문을 부여받아야 선정자에 대한 강제집행을 신청할 수 있다.

5) 주주대표소송

주주대표소송의 경우, 집행권원에서 피고가 회사에게 손해배상금을 지급하라고 명하고 있고, 이러한 집행권원의 집행력은 회사에게 미치므로(제3자 소송담당의 경우, 민소 218조 3항), 회사는 승계집행문을 부여받아 스스로 집행할 수 있다. 주주대표소송에서 원고가 승소한 경우 판결문에는 주주가 원고로, 상대방인 이사가 피고로 각 표시되고, 주문에서는 "피고는 소외 A주식회사에게 금 ㅇㅇㅇ원을 지급하라."는 형태로 원고인 주주가 아닌 회사에게 급부할 것을 명하게 된다.

6) 소송중단을 간과한 판결

판결절차에서 소송계속 중 소송중단사유가 있음에도 소송대리인이 있어 중단되지 아니한 채 진행되어 구당사자 명의로 판결이 선고된 경우에는 소송수계인을 당사자로 판결경정(민소 211조)을 하면 된다. 그런데, 소송계속 중 소송중단사유로 인하여 소송절차가 중단되었음에도 법원이 소송절차의 중단을 간과하고 변론이 종결되어 판결이 선고된 경우, 절차상 위법은 있지만 판결은 유효하므로 구당사자의 승계인에 대한 강제집행을 실시하기 위해서는 법 31조를 준용하여 승계집행문이 부여된다(대법원 1998. 5. 30. 자 98그7 결정).

III. 집행문 부여 등에 대한 구제수단

《 집행에 관한 구제절차의 도해 》

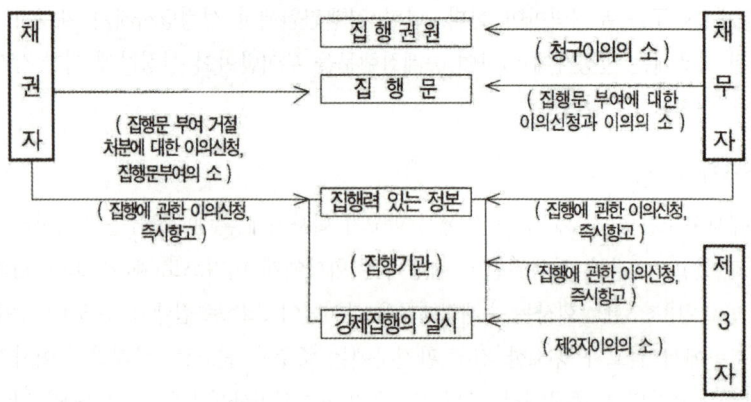

1. 집행문 부여 등에 대한 이의신청

가. 의의

집행문 부여 등에 대한 이의신청은 집행문 부여에 대한 이의신청과 집행문 부여 거절에 대한 이의신청이 있다(법 34조). 집행문 부여에 대해서는 유효한 집행권원의 부존재, 집행력의 부존재·소멸 등을 이유로 이의신청을 할 수 있다. 집행문 부여거절에 대해서는 조건의 성취 승계나 그 밖의 집행력 확장사유가 증명되었다는 이유로도 이의신청을 할 수 있다.

나. 재판

판결에 표시된 채무자의 승계인에 대한 집행을 위하여 집행문이 부여된 경우에는 승계인만이 이의를 할 수 있으며, 판결에 표시된 원래의 채무자는 이에 대한 이의를 할 수 없다(대법원 2002. 8. 21. 자 2002카기124 결정). 집행문부여에 대한 이의신청시 집행에 관한 이의신청의 경우처럼 집행정지 등 잠정처분을 할 수 있다(법 34조 2항, 16조 2항).

민사집행법상 집행문부여나 부여거절에 대한 이의신청에 관한 재판에 대해서는 즉시항고를 할 수 있다는 규정이 없다. 또한, 집행문부여나 부여거절에 대한 이의신청에 관한 재판은 집행법원의 재판이 아니며 집행법원이 본안법원의 재판을 재판의 대상으로 삼을 수도 없으므로 집행에 관한 이의신청(법 16조 1항)으로 불복할 수도 없어 결국 불복절차가 없기 때문에 특별항고(법 23조 1항, 민소 449조)만이 가능하다.

▌ 관련판례

승계집행문부여 거절에 대한 이의신청에 관한 재판에 대해서는 민사소송법 제449조 제1항에 정한 특별항고만이 허용된다. 이 조항은 법률상 불복할 수 없는 결정·명령에 재판에 영향을 미친 헌법 위반이 있거나, 재판의 전제가 된 명령·규칙·처분의 헌법 또는 법률의 위반 여부에 대한 판단이 부당하다는 것을 이유로 하는 때에 한하여 특별항고를 허용하고 있다(민사소송법 제449조 제1항). 따라서 법원의 결정이 법률에 위반되었다는 사유는 재판에 영향을 미친 헌법 위반이 있다고 할 수 없어 특별항고 사유가 아니다(대법원 2017. 12. 28. 자 2017그100 결정).

2. 집행문 부여의 소

가. 의의

집행채권자가 집행문부여 단계에서 조건의 성취나 승계에 관한 필요한 문서를 제출하여 증명할 수 없는 때에는 집행문을 내어 달라는 소를 제1심 법원에 제기할 수 있다(법 33조). 즉, 이를 증명할 수 있음에도 집행문부여의 소를 제기하는 것은 소의 이익이 없어 각하된다. 집행문부여의 소는 집행문부여의 요건이 존재하며 집행문부여가 적법하다는 것을 선언하는 판결을 구하는 확인의 소의 일종이기 때문이다.

집행문부여의 소에서 집행문부여를 구하는 원고의 청구 범위 중 일부에 대해서만 집행력의 존재가 인정되는 경우 법원은 집행문부여기관이 집행권원에 표시된 청구권 중 그 집행력이 인정되는 일부에 대해서만 집행문을 내어줄 수 있도록 강제집행을 할 수 있는 범위를 특정하여 집행문부여를 한다(대법원 2009. 6. 11. 선고 2009다18045 판결).

나. 집행문부여의 소에서 집행채무자가 청구이의사유로 항변할 수 있는지 여부

　민사집행법 제33조에 규정된 집행문부여의 소는 채권자가 집행문을 부여받기 위하여 증명서로써 증명하여야 할 사항에 대하여 그 증명을 할 수 없는 경우에 증명방법의 제한을 받지 않고 그러한 사유에 터 잡은 집행력이 현존하고 있다는 점을 주장·증명하여 판결로써 집행문을 부여받기 위한 소이고, 민사집행법 제44조에 규정된 청구이의의 소는 채무자가 집행권원에 표시되어 있는 청구권에 관하여 생긴 이의를 내세워 집행권원이 가지는 집행력을 배제하는 소이다. 위와 같이 <u>민사집행법이 집행문부여의 소와 청구이의의 소를 각각 인정한 취지에 비추어 보면 집행문부여의 소의 심리 대상은 조건 성취 또는 승계 사실을 비롯하여 집행문부여 요건에 한하는 것으로 보아야 한다. 따라서 채무자가 민사집행법 제44조에 규정된 청구에 관한 이의의 소의 이의 사유를 집행문 부여의 소에서 주장하는 것은 허용되지 아니한다</u>(대법원 2012. 4. 13. 선고 2011다93087 판결).

3. 집행문 부여에 대한 이의의 소

가. 의의

　조건성취집행문이나 승계집행문이 부여된 경우 채무자가 집행문부여에 관하여 증명된 사실에 의한 집행권원의 집행력을 다투거나 인정된 승계에 의한 집행권원의 집행력을 다투기 위해 집행문부여에 대한 이의의 소를 제기할 수 있다(민집법 제45조). 즉, 집행권원에 관하여 이미 집행문을 내어 주었다가 다시 내어 달라는 신청을 받고 다시 내어 준 것일 뿐 집행권원에 붙은 조건이 성취되었음을 이유로 집행문을 내어 준 경우 또는 집행권원의 채권자 또는 채무자의 승계인에 대하여 집행문을 내어 준 경우가 아니라면, 집행문부여에 대한 이의신청을 할 수 있을 뿐 집행문부여에 대한 이의의 소를 제기할 수 없다(대법원 2021. 6. 24. 선고 2016다268695 판결).

　집행문부여에 대한 이의의 소의 성질은 집행문이 부여된 집행권원에 의한 강제집행을 허용해서는 안 된다는 취지의 판결을 구하는 소송법상 형성의 소로 보고, 집행문부여에 대한 이의의 소의 판결이 확정되면 강제집행의 정지 또는 취소의 신청을 할 수 있다(법 49조 1호, 50조 1항).

나. 이의사유

　집행문부여에 대한 이의의 소의 이의사유는 집행권원에 표시된 조건의 불성취와 당사자에 관한 승계의 부존재이다. 따라서 그 외의 사유로만 집행문부여의 위법함을 주장하는 경우에는 집행문부여에 대한 이의신청만으로 가능하다. 집행문부여에 대한 이의의 소에서 조건의 성취나 승계사실에 대한 증명책임은 집행채권자인 피고에게 있다. 이에, 집행문부여에 대한 이의의 소에서 법원은 증거관계를 살펴 과연 집행권원에 표시된 조건의 성취가 있었는지 여부 또는 집행권원에 표시된 당사자에 관하여 실체법적인 승계가 있었는지 여부의 사실관계를 심리한 후 조건의 성취나 승계사실이 충분히 증명되지 않거나 오히려 그 반대사실이 증명되는 경우에는 조건성취집행문이나 승계집행문을 취소하고 이러한 집행문에 기한 강제집행을 불허 해야 한다(대법원 2016. 6. 23. 선고 2015다52190 판결).

▍관련판례

1. 집행채권자가 집행채무자의 상속인들에 대하여 승계집행문을 부여받았으나 상속인들이 적법한 기간 내에 상속을 포기함으로써 그 승계적격이 없는 경우에 상속인들은 그 집행정본의 효력 배제를 구하는 방법으로서 구 민사소송법(2002. 1. 26. 법률 제6626호로 전문 개정되기 전의 것) 제484조의 집행문 부여에 대한 이의신청을 할 수 있는 외에 같은 법 제506조의 집행문 부여에 대한 이의의 소를 제기할 수도 있다(대법원 2003. 2. 14. 선고 2002다64810 판결).

2. 채권자가 부작위채무에 대한 간접강제결정을 집행권원으로 하여 강제집행을 하기 위하여는 집행문을 받아야 하는데, 채무자의 부작위의무위반은 부작위채무에 대한 간접강제결정의 집행을 위한 조건에 해당하므로 민사집행법 제30조 제2항에 의하여 채권자가 조건의 성취를 증명하여야 집행문을 받을 수 있다. 그리고 집행문부여 요건인 조건의 성취 여부는 집행문부여와 관련된 집행문부여의 소 또는 집행문부여에 대한 이의의 소에서 주장·심리되어야 할 사항이지, 집행권원에 표시되어 있는 청구권에 관하여 생긴 이의를 내세워 집행권원이 가지는 집행력의 배제를 구하는 청구이의의 소에서 심리되어야 할 사항은 아니다. 따라서 부작위채무에 대한 간접강제결정의 집행력 배제를 구하는 청구이의의 소에서 채무자에게 부작위의무위반이 없었다는 주장을 청구이의사유로 내세울 수 없다(대법원 2012. 4. 13. 선고 2011다92916 판결).

다. 소의 이익

집행문 부여에 대한 이의의 소는 집행문이 부여된 후 강제집행이 종료될 때까지 제기할 수 있는 것으로서 강제집행이 종료된 이후에는 이를 제기할 이익이 없다.

> **관련판례**
>
> 집행문 부여에 대한 이의의 소는 집행문이 부여된 후 강제집행이 종료될 때까지 제기할 수 있는 것으로서 강제집행이 종료된 이후에는 이를 제기할 이익이 없는 것인바, (1) 집행력 있는 채무명의에 터잡아 집행채권의 일부에 관하여 채권의 압류 및 전부명령이 발하여진 경우에 전부명령에 포함된 집행채권과 관련하여서는 그 전부명령의 확정으로 집행절차가 종료하게 되므로 그 부분에 관한 한 집행문 부여에 대한 이의의 소를 제기할 이익이 없다 할 것이나, 전부명령에 포함되지 아니하여 만족을 얻지 못한 잔여 집행채권 부분에 관하여는 아직 압류사건이 존속하게 되므로 강제집행절차는 종료되었다고 볼 수 없고, (2) 한편 추심명령의 경우에는 그 명령이 발령되었다고 하더라도 그 이후 배당절차가 남아 있는 한 아직 강제집행이 종료되었다고 할 수 없다(대법원 2003. 2. 14. 선고 2002다64810 판결).

라. 재판

집행문부여에 대한 이의의 소는 강제집행을 계속하여 진행하는 데에는 영향을 미치지 않는다(법 46조 1항). 법원은 청구가 이유 있다고 인정하는 때에는 그 집행력 있는 정본에 기한 집행을 불허한다는 판결을 한다. 법원은 판결시 일정한 잠정처분을 하거나, 이미 내린 잠정처분을 취소·변경 또는 인가할 수 있다(법 47조 1항). 이에 대해서는 가집행선고를 해야 한다(법47조 2항).

잠정처분은 원칙적으로 집행문부여에 대한 이의의 소가 계속 중인 수소법원이 관할하도록 되어 있고, 이 역시 수소법원의 직분관할로서 성질상 전속관할에 해당한다. 그리고, 수소법원인 지방법원 합의부가 한 조정을 대상으로 한 집행문부여에 대한 이의의 소는 이를 처리한 지방법원 합의부의 전속관할에 속하고, 이에 부수한 잠정처분의 신청도 집행문부여에 대한 이의의 소가 계속 중인 지방법원 합의부의 전속관할에 속한다(대법원 2022. 12. 15. 자 2022그768 결정).

제2장 강제집행의 진행

제1절 강제집행의 개시

Ⅰ. 개시요건

1. 집행권원 등의 송달

　집행권원의 송달 없이 이루어진 집행행위는 무효이다. 즉, 채권압류 및 전부명령의 기초가 된 집행권원인 가집행선고가 붙은 판결 정본이 상대방의 거짓 주소로 송달되었다면 그 송달은 부적법하여 무효이고, 상대방은 아직도 판결정본의 송달을 받지 않은 상태에 있으므로 그 판결정본에 기하여 행해진 채권압류 및 전부명령은 집행개시의 요건으로서의 집행권원의 송달 없이 이루어진 것으로서 무효가 된다(대법원 1987. 5. 12. 선고 86다카2070 판결).

2. 일반적인 경우

　집행권원에 확정기한이 있는 경우, 담보의 제공을 조건으로 하는 경우, 반대의무의 이행 또는 이행의 제공이 필요한 경우, 본래의무의 집행불능에 대비한 대상판결의 경우에서는 확정기한의 도래, 담보제공의 여부, 반대의무의 이행 또는 이행의 제공, 본래청구의 집행불능 등에 대하여 집행문부여단계에서 집행문부여기관의 판정에 맡길 필요 없이 집행기관이 이를 판정하므로 이들은 집행개시요건이 된다.

3. 특수한 경우

　반대의무의 이행 등과 관련하여 이를 집행개시의 요건으로 하지 않고 집행문부여요건으로 하는 경우가 있다. 가령, 잔대금의 이행제공을 받음과 동시에 소유권이전등기의무의 이행을 명하는 판결(의사진술을 명하는 판결)의 경우 그 판결이 확정된 뒤에 채권자가 그 반대의무를 이행한 사실을 증명하고 재판장 또는 사법보좌관의 명령에 따라 집행문을 받았을 때 의사표시의 효력이 생기므로 반대의무의 이행제공은 집행개시의 요건이 아니라, 집행문부여의 요건이다.

한편 담보권실행을 위한 경매에서 전세권자가 전세권에 기하여 경매신청을 하는 경우 반대의무의 제공이 필요하므로 반대의무의 이행 여부는 경매개시요건이 된다. 즉, 전세권자가 전세권에 기하여 경매신청을 하는 경우 전세권자의 전세목적물인도의무 및 전세권설정등기말소의무와 전세권설정자의 전세금반환채무가 동시이행관계에 있으므로(민 317조), 전세권자인 채권자가 전세목적물에 대한 경매를 신청하려면 우선 전세권설정자에 대하여 전세목적물의 인도의무 및 전세권설정등기말소의무의 이행제공을 하여 전세권설정자를 이행지체에 빠뜨려야 한다.

II. 집행장애

집행권원 등의 송달 등 집행개시요건을 갖추었더라도 일정한 사유(도산절차의 개시, 집행정지·취소서류의 제출 등)가 있으면 집행의 개시 또는 속행을 할 수 없는 경우를 집행장애사유라 한다.

집행채권자의 채권자가 집행권원에 표시된 집행채권을 압류 또는 가압류, 처분금지가처분을 한 경우에는 압류 등의 효력으로 집행채권자의 추심, 양도 등의 처분행위와 채무자의 변제가 금지되고 이에 위반되는 행위는 집행채권자의 채권자에게 대항할 수 없게 되므로 집행기관은 압류 등이 해제되지 않는 한 집행할 수 없으니 이는 집행장애사유에 해당한다.

그리고, 집행개시 당시에는 집행장애사유가 없었더라도 집행 종료 전 집행장애사유가 발생한 때에는 만족적 단계에 해당하는 집행절차를 진행할 수 없으므로, 전부명령이 제3채무자에게 송달되었으나 확정되기 전 즉시항고 절차 단계에서 집행채권이 압류되는 등으로 집행장애사유가 발생한 경우 특별한 사정이 없는 한 항고법원은 전부명령을 직권으로 취소하여야 한다(대법원 2023. 1. 12. 자 2022마6107 결정).

다만, 채권압류명령은 비록 강제집행절차에 나아간 것이기는 하나 채권추심명령이나 채권전부명령과는 달리 집행채권의 현금화나 만족적 단계에 이르지 아니하는 보전적 처분으로서 집행채권을 압류한 채권자를 해하는 것이 아니기 때문에, 집행채권에 대한 압류의 효력에 반하는 것은 아니므로, 집행채권에 대한 압류는 집행채권자가 채무자를 상대로 한 채권압류명령에는 집행장애사유가 될 수 없다.

제2절 강제집행의 정지·취소

I. 강제집행의 정지 및 서류

강제집행의 정지는 집행기관이 집행절차를 더 이상 진행시키지 않는 것을 말한다. 강제집행의 정지의 원인에는 크게 집행정지서류의 제출(법정서류의 제출)과 법정사실의 발생의 두 가지로 분류된다. 집행정지서류에 대해서는 법 49조가 상세히 규정하고 있다.

예컨대, 청구이의의 소에서 강제집행 불허를 구하는 청구취지 그대로 화해권고결정이 확정된 사안에서, 그 내용은 당사자가 자유롭게 처분할 수 있는 사항이 아니므로 집행을 허가하지 않는 효력은 생기지 않고, 집행력은 여전히 남아 있으므로 위 내용의 화해권고결정 정본은 위 1호의 집행취소 서류에 해당하지 않고, 6호에 해당하므로, 그 서류를 매각허가결정이 있은 뒤에 제출한 경우에는 매수인의 동의를 받아야만 집행취소의 효력이 생긴다(대법원 2022. 6. 7. 자 2022그534 결정).

II. 집행처분의 취소

집행처분의 취소는 강제집행절차의 진행 중에 집행기관이 이미 실시한 집행처분의 전부나 일부의 효력을 상실시키는 것을 말한다. 집행정지·취소는 부동산 등 경매절차에서 사법보좌관의 업무이다. 집행취소 서류의 제출에 의한 집행처분을 취소하는 재판은 즉시항고가 허용되지 않는다(법 50조 2항). 따라서 이에 대하여 불복하려면 집행에 관한 이의신청을 해야 한다.

III. 집행비용

집행비용은 민사집행에 필요한 비용으로 집행준비비용 및 집행실시비용을 포함한다. 집행비용은 별도의 집행권원 없이도 그 집행의 기본이 되는 해당 집행권원에 근거하여 해당 집행절차에서 배당재단으로부터 각 채권액에 우선하여 배당받을 수 있다.

제3장 위법집행과 부당집행에 대한 구제

위법집행은 집행법상으로 위법인 경우를 말하며, 부당집행은 집행법상으로는 적법하나 실체법상 위법한 경우(실체적 정당성이 침해된 경우의 집행)를 말한다. 위법집행의 구제방법으로는 즉시항고, 집행에 관한 이의신청, 사법보좌관의 처분에 대한 이의신청 등이 있다. 부당집행의 구제방법으로는 채무자를 위하여 청구이의의 소 또는 채무부존재확인의 소 및 저당권설정등기말소청구의 소, 손해배상청구, 부당이득반환청구 등이 있다. 제3자를 위하여는 제3자이의의 소가 있다.

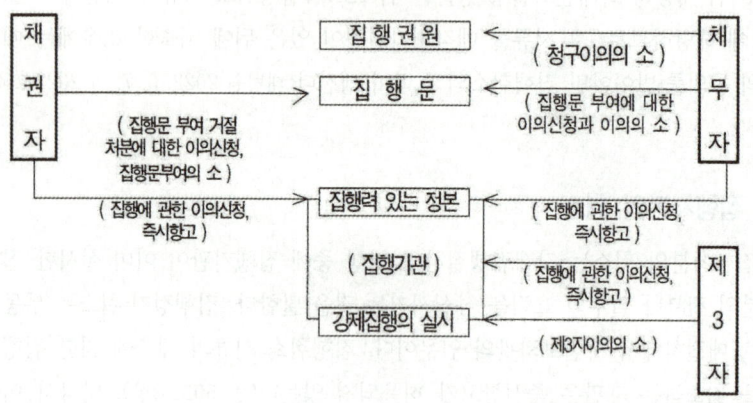

《 집행에 관한 구제절차의 도해 》

제1절 위법집행에 대한 구제방법

Ⅰ. 즉시항고

1. 의의

집행절차에 관한 집행법원의 재판에 대해서는 법에 특별한 규정이 있는 경우에 한하여 즉시항고가 허용된다(15조 1항). 사법보좌관이 처리한 경우에는 즉시항고에 앞서 이의신청절차를 거쳐야 한다.

2. 즉시항고이유

집행절차에 관한 집행법원의 재판에 대하여 즉시항고를 할 때에는 항고장에 그 이유를 대법원규칙이 정하는 바에 따라 적어야 한다. 항고인은 항고장에 항고이유를 적지 않은 때에는 항고장을 제출한 날부터 10일 이내에 항고이유서를 원심법원에 제출해야 한다(항고이유서 제출강제주의 - 법 15조 3항).

3. 재판

항고법원은 항고이유서에 적힌 이유에 대하여만 조사한다. 다만 원심재판에 영향을 미칠 수 있는 법령위반 또는 사실오인이 있는지에 대해서는 직권으로 조사할 수 있다(법 15조 7항). 집행법원이 즉시항고를 각하해야 함에도 이를 각하하지 않고 사건을 항고법원으로 송부한 경우에는 항고법원은 곧바로 즉시항고를 각하해야 한다.

가압류신청이나 가처분신청을 기각한 결정 또는 가압류·가처분에 대한 이의신청 또는 취소신청에 대한 재판은 집행절차에 관한 집행법원의 재판에 해당하지 아니하므로 그에 대한 즉시항고에는 법 15조가 적용될 수 없고, 민사소송법의 즉시항고에 관한 규정이 준용된다(법 23조 1항). 그런데 민사소송법상 항고법원의 소송절차에는 항소에 관한 규정이 준용되는데(민소 443조 1항), 민사소송법은 항소이유서의 제출기간에 관한 규정을 두고 있지 않는바, 항고인이 즉시항고이유서를 제출하지 않았다거나 그 이유를 적어내지 않았다는 이유로 그 즉시항고를 각하할 수는 없다.

보전처분의 재판절차(가압류·가처분 결정에 대한 이의신청·취소신청에 대한 재판)상 즉시항고의 집행정지효 관련하여 가압류·가처분의 취소결정에 대한 즉시항고의 경우는 효력정지결정을 받아야만 그 효력을 정지시킬 수 있다(민집법 제289조 1항, 301조). 한편, 보전처분절차 가운데 보전처분의 집행절차상 즉시항고는 법 15조 3항에서 말하는 집행절차에 관한 집행법원의 재판에 대한 즉시항고에 해당하므로 법 15조 6항에 의하여 집행정지의 효력을 가지지 않는다.

▌관련판례

　가압류 신청이나 가처분 신청을 인용한 결정에 대하여는 채무자나 피신청인은 민사집행법 제283조, 제301조에 의하여 그 보전처분을 발한 법원에 이의를 신청할 수 있을 뿐이고, 그 인용결정이 항고법원에 의하여 행하여진 경우라 하더라도 이에 대하여 민사소송법 제442조에 의한 재항고나 같은 법 제444조의 즉시항고로는 다툴 수 없는 것이므로, 원심법원의 가처분 신청 인용결정에 대한 이 사건 재항고는 부적법하다(대법원 2008. 12. 22. 자 2008마1752 결정).

II. 집행에 관한 이의신청

1. 의의

　집행법원(판사의 업무 또는 사법보좌관의 업무)의 집행절차에 관한 재판으로서 즉시항고를 할 수 없는 것과, 집행관의 집행처분, 그 밖에 집행관이 지킬 집행절차에 대해서는 집행법원에 이의를 신청할 수 있다(법 16조 1항).

2. 이의사유

　집행에 관한 이의신청은 집행 또는 집행행위에서의 형식적 절차상의 흠이 있는 경우에 할 수 있으며, 집행의 기본이 되는 집행권원 자체에 대한 실체적 권리관계에 관한 사유나 그 집행권원의 성립과 소멸에 관한 절차상의 흠은 어느 것이나 집행에 관한 이의사유로 삼을 수 없다.

3. 이의신청시기

　집행에 관한 이의신청은 원칙적으로 집행처분이 있은 뒤부터 그 종료 이전까지 할 수 있다.

4. 재 판

　집행에 관한 이의신청에 대한 재판은 판사가 한다. 집행에 관한 이의신청에는 집행정지의 효력이 없다. 집행법원은 이의신청에 대한 재판에 앞서 집행의 일시정지 등 잠정처분을 할 수 있다(법 16조 2항). 집행절차를 취소한 집행관의 처분에 대한 이의신청을 기각·각하하는 결정 또는 집행관에게 집행절차의 취소를 명하는 결정에 대해서는 즉시항고를 할 수 있다(법 17조 1항). 이와 같은 결정은 집행채권자의 권리실현의 중단을 의미하므로 예외적으로 항고를 허용한다.

Ⅲ. 사법보좌관의 처분에 대한 이의신청

판사의 위임을 받아 사법보좌관이 하는 처분 중 즉시항고 등(항고·즉시항고 또는 특별항고)의 대상이 되는 처분에 대해서는 먼저 사법보좌관의 처분에 대한 이의신청을 해야 한다.

제2절 부당집행에 대한 구제방법

Ⅰ. 청구이의의 소

1. 의의 및 성질

청구이의의 소는 청구권의 소멸·저지사유나 예외적으로 부존재사유를 들어 집행력을 배제하기 위한 것이다(법 44조). 청구이의의 소는 집행권원의 집행력 자체의 배제를 구하는 소이다. 판결주문은 "피고의 원고에 대한 서울중앙지방법원 2025. 10. 21. 선고 2025가합12345 판결에 기한 강제집행은 이를 불허한다."라고 기재된다. 가집행선고가 있는 종국판결은 집행권원이지만 상소로써 이의사유를 다툴 수 있으므로 청구이의의 소에 의하여 집행력의 배제를 구할 수 없다. 청구이의의 소는 집행권원에 기한 강제집행을 장래에 정지·취소시키는 형성적 효과를 갖는다고 보아 소송법상 형성의 소이다.

한편, 담보권실행을 위한 경매를 신청할 수 있는 권리의 존부를 다투면서 그 경매절차를 정지하기 위해서는, 첫째, 법 268조에 의하여 준용되는 법 86조 1항 규정에 의하여 경매개시결정에 대한 이의신청을 하고, 법 86조 2항의 규정에 따라 매각절차의 일시정지결정을 받는 방법이 있다. 둘째, 그 담보권의 효력을 다투는 소(채무부존재확인의 소, 저당권말소등기청구의 소)를 제기하고, 법 275조에 의하여 준용되는 법 46조 2항의 규정에 따라 매각절차의 일시정지결정을 받아 그 절차의 진행을 정지시킬 수 있다.

2. 청구이의사유

가. 집행채권의 부존재·소멸 또는 위법집행

청구이의사유는 집행권원에 표시된 집행채권의 전부 또는 일부의 부존재나 소멸·저지이다. 부집행합의 또는 집행신청취하 합의가 있는 경우도 이에 포함한다.

> ■ 관련판례
>
> 확정된 지급명령의 경우 그 지급명령의 청구원인이 된 청구권에 관하여 지급명령 발령 전에 생긴 불성립이나 무효 등의 사유를 그 지급명령에 관한 이의의 소에서 주장할 수 있고, 이러한 청구이의의 소에서 청구이의 사유에 관한 증명책임도 일반 민사소송에서의 증명책임 분배의 원칙에 따라야 한다. 따라서 확정된 지급명령에 대한 청구이의 소송에서 원고가 피고의 채권이 성립하지 아니하였음을 주장하는 경우에는 피고에게 채권의 발생원인 사실을 증명할 책임이 있고, 원고가 그 채권이 통정허위표시로서 무효라거나 변제에 의하여 소멸되었다는 등 권리 발생의 장애 또는 소멸사유에 해당하는 사실을 주장하는 경우에는 원고에게 그 사실을 증명할 책임이 있다(대법원 2010. 6. 24. 선고 2010다12852 판결).

나. 신의칙 위반 또는 권리남용의 경우

확정판결에 기한 집행이 현저히 부당하고 상대방으로 하여금 그 집행을 수인하도록 하는 것이 정의에 반함이 명백하여 사회상규상 용인할 수 없다고 인정되는 것과 같은 특별한 사정이 있는 때에는 그 집행은 권리남용으로서 허용되지 않고 그러한 경우 집행채무자는 청구이의의 소에 의하여 그 집행의 배제를 구할 수 있다(대법원 2009. 5. 28. 선고 2008다79876 판결).

다만, 확정판결은 소송당사자를 기속하는 것이므로 재심의 소에 의하여 취소되거나 청구이의의 소에 의하여 집행력이 배제되지 아니한 채 확정판결에 기한 강제집행절차가 적법하게 진행되어 종료되었다면 강제집행에 따른 효력 자체를 부정할 수는 없고, 강제집행이 이미 종료된 후 다시 확정판결에 기한 강제집행이 권리남용에 해당하여 허용될 수 없다는 등의 사유를 들어 강제집행에 따른 효력 자체를 다투는 것은 확정판결의 기판력에 저촉되어 허용될 수 없다(대법원 2024. 1. 4. 선고 2022다291213 판결).

3. 이의사유 존재시기

확정판결의 경우 청구이의사유는 변론종결 뒤에 생긴 사유에 한한다. 변론종결 전에 생긴 사정은 채무자가 그러한 사정이 있음을 과실 없이 알지 못하여 변론종결 전에 이를 주장하지 못한 것이라 해도 청구이의의 사유가 될 수 없다(대법원 2014. 3. 27. 선고 2011다49981 판결).

집행권원 가운데 기판력은 없고 집행력만 있는 경우에는 집행권원이 만들어지기 전의 사유들이 청구이의 사유가 된다. 왜냐하면, 기판력이 없는 집행권원에 대한 청구이의의 소에서는 기판력의 시적범위가 적용될 여지가 없기 때문이다. 따라서, 확정된 지급명령·이행권고결정·배상명령·집행증서와 같이 집행력만 있고 기판력이 없는 경우에는 처음부터 청구권의 성립에 흠이 있는 경우에도 청구이의의 소를 제기할 수 있다.

▌관련판례

1. 채무자가 채무명의인 확정판결의 변론종결 전에 상대방에 대하여 상계적상에 있는 채권을 가지고 있었다 하더라도 채무명의인 확정판결의 변론종결 후에 이르러 비로소 상계의 의사표시를 한 때에는 '이의원인이 변론종결 후에 생긴 때'에 해당하는 것으로서, 당사자가 채무명의인 확정판결의 변론종결 전에 자동채권의 존재를 알았는가 몰랐는가에 관계 없이 적법한 청구이의 사유로 된다(대법원 2005. 11. 10. 선고 2005다41443 판결).
2. 확정판결의 변론 종결 전에 이루어진 일부이행을 채권자가 변론 종결 후 수령함으로써 변제의 효력이 발생한 경우에는 그 한도 내에서 청구이의 사유가 될 수 있다(대법원 2009. 10. 29. 선고 2008다51359 판결).
3. 채무자가 한정승인을 하고도 채권자가 제기한 소송의 사실심 변론종결시까지 그 사실을 주장하지 아니하여 책임의 범위에 관한 유보가 없는 판결이 선고되어 확정되었다고 하더라도, 채무자는 그 후 위 한정승인 사실을 내세워 청구에 관한 이의의 소를 제기할 수 있다(대법원 2009. 5. 28. 선고 2008다79876 판결).
4. 채권자취소소송에서 피보전채권의 존재가 인정되어 사해행위 취소 및 원상회복을 명하는 판결이 확정되었다고 하더라도, 그에 기하여 재산이나 가액의 회복을 마치기 전에 피보전채권이 소멸하여 채권자가 더 이상 채무자의 책임재산에 대하여 강제집행을 할 수 없게 되었다면, 이는 위 판결의 집행력을 배제하는 적법한 청구이의의 이유가 된다(대법원 2017. 10. 26. 선고 2015다224469 판결).

5. 확정된 지급명령은 확정판결과 같은 효력을 가진다고 규정하고 있으나, 기판력이 인정되지 아니하므로 확정판결에 대한 청구이의 이유를 변론이 종결된 뒤(변론 없이 한 판결의 경우에는 판결이 선고된 뒤)에 생긴 것으로 한정하고 있는 민사집행법 제44조 제2항과는 달리 민사집행법 제58조 제3항은 지급명령에 대한 청구에 관한 이의의 주장에 관하여는 위 제44조 제2항의 규정을 적용하지 아니한다고 규정하고 있으므로, 지급명령 발령 전에 생긴 청구권의 불성립이나 무효 등의 사유를 그 지급명령에 관한 이의의 소에서 주장할 수 있다(대법원 2009. 7. 9. 선고 2006다73866 판결).

6. 이행권고 결정은 피고가 2주 내에 이의하지 아니하면 확정판결과 같은 효력을 가진다는 취지로 규정하면서도 기판력이 인정되지 아니하므로, 같은 법 제5조의8 제3항은 이행권고 결정에 기한 강제집행에 있어서 청구에 관한 이의의 주장에 관하여는 민사집행법 제44조 제2항의 규정에 판결에 따라 확정된 청구에 관한 청구이의의 소에 있어서는 그 이유가 변론이 종결된 뒤(변론 없이 한 판결의 경우에는 판결이 선고된 뒤)에 생긴 것이어야 한다는 내용의 규정에 의한 제한을 받지 아니한다."고 규정하고 있으므로, 확정된 이행권고 결정에 대한 청구이의의 소에 있어서는 이행권고 결정 이후의 청구권의 소멸이나 청구권의 행사를 저지하는 사유뿐만 아니라, 이행권고 결정 전의 청구권의 불성립이나 무효 등도 그 이의사유가 된다(대법원 2006. 1. 26. 선고 2005다54999 판결).

7. 파산채권자가 개인채무자를 상대로 채무 이행을 청구하는 소송에서 면책결정에 따라 발생한 책임 소멸은 소송물인 채무의 존부나 범위 확정과는 직접적인 관계가 없다. 개인채무자가 면책 사실을 주장하지 않는 경우에는 책임 범위나 집행력 문제가 현실적인 심판대상으로 등장하지도 않아 주문이나 이유에서 그에 관한 아무런 판단이 없게 된다. 이런 경우 면책결정으로 인한 책임 소멸에 관해서는 기판력이 미치지 않으므로, 개인채무자에 대한 면책결정이 확정되었는데도 파산채권자가 제기한 소송의 사실심 변론종결 시까지 그 사실을 주장하지 않는 바람에 면책된 채무 이행을 명하는 판결이 선고되어 확정된 경우에도 특별한 사정이 없는 한 개인채무자는 그 후 면책된 사실을 내세워 청구이의의 소를 제기할 수 있다(대법원 2022. 7. 28. 선고 2017다286492 판결).

8. 이 사건 제1판결은 변론종결 후에도 원고가 피고 소유의 이 사건 각 토지를 점유하는 것이 변론종결 당시 확정적으로 예정되어 있다는 이유로 이를 인도할 때까지 지료 지급 또는 사용이익 상당의 부당이득 반환을 명하는 판결을 하였다. 그러나 변론종결 후 원고가 이 사건 교회건물을 소유하지 않고 이 사건 각 토지를 점유하지 않았음이 객관적으로 판명된 이상 이 사건 제1판결 변론종결

당시의 예측은 어긋나게 되었고, 이는 이 사건 제1판결 확정 후에 새로운 사유가 발생하여 사정변경이 있은 경우에 해당한다고 할 수 있다. 따라서 원고가 이 사건 교회건물을 소유하지 않고 이 사건 각 토지를 점유하지 않는다는 사유를 주장하면서 이 사건 제1판결의 변론종결 이후 금전지급을 명한 부분의 집행배제를 구하는 것은 가능하다(대법원 2023. 4. 27. 선고 2019다302985 판결).

9. 집행권원인 동시이행판결의 반대의무 이행 또는 이행제공은 집행개시의 요건으로서 집행개시와 관련된 집행에 관한 이의신청 절차에서 주장·심리되어야 할 사항이지, 집행권원에 표시되어 있는 청구권에 관하여 생긴 이의를 내세워 그 집행권원이 가지는 집행력의 배제를 구하는 청구이의의 소에서 심리되어야 할 사항은 아니다. 따라서 <u>동시이행판결의 채무자로서는 그 집행력의 배제를 구하는 청구이의의 소에서 채권자가 반대의무의 이행 또는 이행제공을 하지 않았다는 주장을 청구이의의 사유로 내세울 수 없다</u>(대법원 2024. 6. 13. 선고 2024다231391 판결).

10. 선행소송 1심판결은 공시송달의 방법으로 송달되어 일응 확정되었으나, 원고가 제기한 추완항소에 따라 항소심이 판결로써 소송종료선언을 하여 그 판결이 확정되었으므로, 이로써 선행소송 1심판결의 형식적 확정력은 소멸되었다고 할 것이다. 따라서 선행소송 1심판결은 유효한 집행권원이라 할 수 없으므로 이에 대하여 집행력의 배제를 구하는 청구이의의 소를 제기할 수 없다(대법원 2024. 12. 12. 선고 2024다273869 판결).

11. 외국 중재판정의 성립 이후 민사집행법상 청구이의의 사유가 발생한 경우, '외국 중재판정의 승인 및 집행에 관한 협약' 제5조 제2항 (b)호의 공공질서 위반에 해당하는 것으로 보아 중재판정의 집행을 거부할 수 있다(대법원 2024. 11. 28. 자 2023마6248 결정).

4. 신청 및 재판

가. 관할법원

청구이의의 소의 관할법원은 집행권원이 확정판결(소송상 화해나 조정, 청구의 인낙 등 그 밖에 확정판결과 같은 효력을 가지는 것을 포함한다)이면 제1심판결 법원(법 44조 1항, 57조, 56조 5호), 집행권원이 지급명령이면 그 지급명령을 내린 지방법원(그 청구가 합의사건인 경우에는 그 법원이 있는 곳을 관할하는 지방법원 합의부), 집행권원이 집행증서이면 채무자의 보통재판적(채무자의 주소지 등)의 지방법원(법 59조 4항 본문)이다.

여기서 '제1심 판결법원'이란 집행권원인 판결에 표시된 청구권, 즉 그 판결에 기초한 강제집행에 의하여 실현될 청구권에 대하여 재판을 한 법원을 가리키고, 이는 직분관할로서 성질상 전속관할에 속한다. 따라서 제1심법원인 지방법원 합의부의 항소심인 고등법원이 한 판결을 대상으로 한 청구이의의 소는 그 사건의 제1심법원인 지방법원 합의부의 전속관할에 속한다. 나아가 법 제46조 제2항의 강제집행 신청 또한 수소법원의 직분관할로서 성질상 전속관할에 해당한다(대법원 2024. 7. 11. 자 2024그613 결정).

나. 당사자적격

청구이의의 소에서 원고적격이 있는 사람은 집행권원에 채무자로 표시된 사람, 그 승계인, 그 밖의 원인으로 채무자에 대신하여 집행력을 받는 사람이다(법 25조 1항 본문). 이러한 사람의 채권자도 채권자대위권에 기해 청구이의의 소를 제기할 수 있다(대법원 1992. 4. 10. 선고 91다41620 판결). 청구이의의 소에서 피고적격이 있는 사람은 집행권원에 채권자로 표시된 강제집행을 신청할 수 있는 사람, 그 승계인, 그 밖에 집행권원에 기초하여 강제집행을 신청할 수 있는 사람이다.

▌관련판례

집행권원상의 청구권이 양도되어 대항요건을 갖춘 경우 집행당사자적격이 양수인으로 변경되고, 양수인이 승계집행문을 부여받음에 따라 집행채권자는 양수인으로 확정되는 것이므로, 승계집행문의 부여로 인하여 양도인에 대한 기존 집행권원의 집행력은 소멸한다. 따라서, 그 후 양도인을 상대로 제기한 청구이의의 소는 피고적격이 없는 자를 상대로 한 소이거나 이미 집행력이 소멸된 집행권원의 집행력 배제를 구하는 것으로 권리보호의 이익이 없어 부적법하다(대법원 2008. 2. 1. 선고 2005다23889 판결).

다. 소의 이익

청구이의의 소는 집행문을 부여받기 전·후를 불문하나, 집행이 종료된 후에는 소의 이익이 없다. 이 경우 부당이득반환청구나 손해배상청구를 하여야 한다.

▌ 관련판례

1. 채무명의인 공정증서가 무권대리인의 촉탁에 기하여 작성된 것으로서 무효인 때에는 채무자는 청구이의의 소로써 강제집행 불허의 재판을 구할 수 있음은 물론이지만, 그 공정증서에 기한 강제집행이 일단 전체적으로 종료되어 채권자가 만족을 얻은 후에는 더 이상 청구이의의 소로써 그 강제집행의 불허를 구할 이익은 없다(대법원 1997. 4. 25. 선고 96다52489 판결).
2. 대지에 대한 수분양자 명의변경 절차의 이행을 소구함은 채무자의 의사의 진술을 구하는 소송으로서 그 청구를 인용하는 판결이 선고되고 그 소송이 확정되었다면, 그와 동시에 채무자가 수분양자 명의변경 절차의 이행의 의사를 진술한 것과 동일한 효력이 발생하는 것이므로 위 확정판결의 강제집행은 이로써 완료되는 것이고 집행기관에 의한 별도의 집행절차가 필요한 것이 아니므로, 특별한 사정이 없는 한 위 확정판결 이후에 집행절차가 계속됨을 전제로 하여 그 채무명의가 가지는 집행력의 배제를 구하는 청구이의의 소는 허용될 수 없다(대법원 1995. 11. 10. 선고 95다37568 판결).

라. 재판

　청구이의의 소에서 이의사유가 여러 가지인 때에는 동시에 주장해야 한다(법 44조 3항). 하나의 이의사유를 내세워 패소한 후 다른 사유를 내세워 다시 청구이의의 소를 제기함은 기판력에 의하여 허용되지 않는다. 청구이의의 소는 강제집행을 계속하여 집행하는데 영향을 미치지 않는다(법 46조 1항). 청구이의의 소가 제기된 경우 이의를 주장한 사유가 법률상 정당한 이유가 있다고 인정되고, 사실에 대한 소명이 있을 때에는 수소법원은 당사자의 신청에 따라 판결이 있을 때까지 담보부로 또는 무담보로 강제집행의 정지를 명할 수 있고, 담보부로 집행의 계속을 명하거나 실시한 집행처분의 취소를 명할 수 있는 잠정처분을 할 수 있다(법 46조 2항). 이러한 잠정처분은 청구이의 소가 계속 중인 경우에 한하여 이루어질 수 있다.

관련판례

1. 집행증서상 청구권은 의무의 단순 이행을 내용으로 하는 것인데 그 청구권이 반대의무의 이행과 상환으로 이루어져야 하는 동시이행관계에 있으므로 집행증서에 기한 집행이 불허되어야 한다는 주장은, 집행증서상으로는 단순 이행의무로 되어 있는 청구권이 반대의무와 동시이행관계의 범위 내에서만 집행력이 있고 그것을 초과하는 범위에서의 집행력은 배제되어야 한다는 것을 의미한다. 따라서 이러한 사유는 본래 집행권원에 표시된 청구권의 변동을 가져오는 청구이의의 소의 이유가 된다. 그렇다면, 이러한 사유를 이유로 하는 청구이의의 소에 관한 재판에서 집행권원상의 청구권과 동시이행관계에 있는 반대의무의 존재가 인정되는 경우, 법원으로서는 본래의 집행권원에 기한 집행력의 전부를 배제하는 판결을 할 것이 아니라 집행청구권이 반대의무와 동시이행관계에 있음을 초과하는 범위에서 집행력의 일부 배제를 선언하는 판결(일부인용판결)을 하여야 한다.(대법원 2013. 1. 10. 선고 2012다75123 판결).

2. 집행증서상 청구권에는 기한의 제한이 없는데 그 청구권에 기한이 있으므로 집행이 불허되어야 한다는 주장은, 집행증서상 기한이 없는 청구권이 기한이 도래한 범위 내에서만 집행력이 있고 그것을 초과하는 범위에서의 집행력은 배제되어야 한다는 것을 의미한다. 따라서 공정증서가 작성된 약속어음의 원인채권 이행기가 도래하지 아니하였다는 사유는 본래 집행권원에 표시된 청구권의 변동을 가져오는 청구이의의 소의 이유가 된다. 그리고 이러한 사유를 이유로 하는 청구이의의 소에 관한 재판에서 집행권원상의 청구권에 변제기의 존재가 인정되는 경우, 법원으로서는 집행권원의 집행력 전부를 배제하는 판결을 할 것이 아니라 변제기가 도래할 때까지만 일시적으로 배제하는 판결(일부인용판결)을 하여야 한다(대법원 2022. 4. 14. 선고 2021다299372 판결).

3. 채무자가 채권자를 상대로 청구이의의 소를 제기하면서 판결 선고 시까지 강제집행을 정지하도록 명하는 잠정처분을 받아 채권자에 대한 배당액이 공탁되었다가 강제집행을 허용하는 내용의 판결이 선고되어 채권자가 공탁된 배당액을 지급받는 경우, 변제의 효력이 발생하는 시점은 특별한 사정이 없는 한 강제집행을 허용하는 내용의 판결이 선고된 시점에 공탁된 배당액으로 충당되는 범위에서 소멸한다(대법원 2024. 11. 14. 선고 2024다267871 판결).

II. 제3자이의의 소

1. 의의 및 성질

제3자이의의 소는 제3자가 강제집행의 목적물에 대하여 소유권이 있다고 주장하거나 목적물의 양도나 인도를 막을 수 있는 권리가 있다고 주장하는 때에 채권자를 상대로 그 강제집행에 대하여 제기하는 소를 말한다. 판결 주문에는 "피고가 갑에 대한 서울중앙지방법원 2023. 10. 21. 선고 2023가합12345 판결의 집행력 있는 정본에 기하여 2023. 8. 15. 별지 목록 기재 물건에 대하여 한 강제집행은 이를 불허한다"라고 표시한다. 제3자이의의 소는 주문에서 확인되는 바와 같이, 집행권원에 기한 집행의 가능성을 배제하기 위하여 인정되는 집행문부여에 대한 이의의 소나 청구이의의 소와 달리 특정재산에 대한 현실적인 집행을 배제하기 위함이다. 제3자이의의 소는 제3자의 집행목적물에 대한 소유권의 존부를 확정하는 것이 아니라 집행이의권의 존부를 확정하는 데 불과하므로 그 소의 성질은 소송법상 형성의 소로 해석된다.

2. 이의원인

제3자가 이미 개시된 집행의 목적물에 대하여 소유권이 있다고 주장하거나 목적물의 양도나 인도를 막을 수 있는 권리가 있다고 주장함으로써 그에 대한 집행의 배제를 구하는 것이므로, 그 소의 원인이 되는 권리는 집행채권자에 대항할 수 있는 것이어야 한다(법 제48조 1항). 원칙적으로 제3자의 권리가 압류 당시에 존재해야 한다.

> **▎관련판례**
>
> 제3자이의의 소는 등기청구권을 포함하여 모든 재산권을 대상으로 하는 집행에 대하여 적용되는 것이므로, 등기청구권에 대하여 압류명령이 있은 경우에 집행채무자 아닌 제3자가 자신이 진정한 등기청구권의 귀속자로서 자신의 등기청구권의 행사에 있어 위 압류로 인하여 장애를 받는 경우에는 그 등기청구권이 자기에게 귀속함을 주장하여 집행채권자에 대하여 제3자이의의 소를 제기할 수 있다(대법원 1999. 6. 11. 선고 98다52995 판결).

가. 소유권

(1) 의의

제3자가 소유자라고 주장하면서 제3자이의의 소를 제기하기 위해서는 압류 당시에 이미 인도·등기 등 물권변동의 성립요건이나 양도통지 등의 대항요건을 갖추어야 한다. 즉, 채권적 청구권인 이전등기청구권을 가짐에 불과한 경우, 가령 취득시효가 완성되었다는 사실만으로 이의 할 수는 없다(대법원 1980. 1. 29. 선고 79다1223 판결). 같은 법리로 가등기 가운데 일반가등기(소유권이전을 위한 순위보전의 가등기)는 순위보전의 효력만 있고 본등기와 동일한 물권적 효력은 없으므로 제3자이의의 소를 제기할 수 없다.

(2) 압류나 가압류집행 후 소유권을 취득한 경우

압류나 가압류집행 후 소유권을 취득한 경우 원칙적으로 제3자 이의의 소가 허용되지 않는다. 즉, 강제경매개시결정 후 소유권을 취득한 제3자는 집행채권이 변제 그 밖의 사유로 소멸된 경우에도 청구이의의 소에 의하여 집행권원의 집행력이 배제되지 아니한 이상 그 경매개시결정은 취소될 수 없고 그 결정이 취소되지 않는 동안에는 집행채권이 변제되었다는 사유만으로 소유권을 이유로 집행채권자에게 대항할 수 없으므로 제3자이의의 소에 의하여 그 강제집행의 배제를 구할 수 없다(대법원 1982. 9. 14. 선고 81다527 판결).

(3) 공유물·합유물에 대한 강제집행의 경우

공유물·합유물에 대한 강제집행의 경우 다른 공유자·합유자는 보존행위로 제3자이의의 소를 제기할 수 있다.

(4) 명의신탁의 경우

양자간 등기명의신탁의 경우는 소유권이 신탁자에게 있고, 3자간 등기명의신탁의 경우는 소유권이 매도인에게 있고, 계약명의신탁의 경우에는 매도인이 악의라면 소유권이 매도인에게 있고, 선의라면 수탁자에게 소유권이 있다. 수탁자를 집행채무자로 하는 강제집행 국면에서 신탁자가 제3자로서 제3자이의의 소를 제기할 수 있는 경우는 양자간 명의신탁의 경우이다.

그렇다면, 명의신탁자가 수탁자에 대한 채권자의 강제집행에 대하여 제3자이의의 소를 제기할 수 있을까. 그렇지는 않다. 왜냐하면 '부동산실명법 제4조 제3항에 의하면 명의신탁약정 및 이에 따른 등기로 이루어진 부동산에 관한 물권변동의 무효는 제3자에 대항하지 못하는데, 여기서 '제3자'는 명의신탁약정의 당사자 및 포괄승계인 이외의 자로서 명의수탁자가 물권자임을 기초로 그와의 사이에 직접 새로운 이해관계를 맺은 사람으로서 소유권이나 저당권 등 물권을 취득한 자뿐만 아니라 압류 또는 가압류채권자도 포함하고 그의 선의·악의를 묻지 않는바, 신탁자가 제3자에게 소유권을 주장할 수 없기 때문이다.

나. 점유권

점유권에 기한 제3자이의의 소는 주로 유체동산집행에서 문제가 된다. 제3자가 점유하는 유체동산에 대하여 그의 승낙 없이 압류가 이루어진 때에는 제3자 점유의 유체동산에 대한 압류는 제3자의 승낙을 요하므로(법191조) 제3자는 집행에 관한 이의신청도 할 수 있다.

▌관련판례

목적물에 대한 채무자의 점유를 풀고 채권자가 위임하는 집행관에게 그 보관을 명하며 집행관은 현상을 변경하지 아니할 것을 조건으로 하여 채무자에게 그 사용을 허가하도록 하는 내용의 점유이전금지가처분은, 가처분집행 당시의 목적물의 현상을 본집행시까지 그대로 유지함을 목적으로 하여 그 목적물의 점유이전과 현상의 변경을 금지하는 것에 불과하여, 이러한 가처분결정에도 불구하고 점유가 이전되었을 때에는 가처분채무자는 가처분채권자에 대한 관계에서 여전히 그 점유자의 지위에 있는 것으로 취급되는 것일 뿐 가처분집행만으로 소유자에 의한 목적물의 처분을 금지 또는 제한하는 것은 아니므로, 점유이전금지가처분의 대상이 된 목적물의 소유자가 그 의사에 기하여 가처분채무자에게 직접점유를 하게 한 경우에는 그 점유에 관한 현상을 고정시키는 것만으로 소유권이 침해되거나 침해될 우려가 있다고 할 수는 없고 소유자의 간접점유권이 침해되는 것도 아니라고 할 것이며, 따라서 간접점유자에 불과한 소유자는 직접점유자를 가처분채무자로 하는 점유이전금지가처분의 집행에 대하여 제3자이의의 소를 제기할 수 없다(대법원 2002. 3. 29. 선고 2000다33010 판결).

다. 가등기담보

　가등기담보권이 설정된 부동산에 대하여 설정자의 일반채권자가 강제경매 등의 집행을 한 경우에, 강제경매 등의 신청 전에 가등기담보권자가 이미 소정의 절차를 거쳐 청산금을 지급한 때(지급할 청산금이 없는 경우에는 청산기간이 지난 뒤)에는 가등기담보권자는 가등기에 기초한 본등기를 마치기 전이라도 제3자이의의 소를 제기할 수 있다.

라. 양도담보

　가등기담보 등에 관한 법률의 적용을 받는 경우에는 담보물권설에 따라 양도담보권자가 일종의 담보물권자로 취급되므로, 양도담보권자의 일반채권자가 목적물을 압류했다면 양도담보설정자는 소유자로서 제3자이의의 소를 제기할 수 있다. 즉, 양도담보설정자에게 소유권이 있으므로, 양도담보설정자의 일반채권자가 목적물을 압류하더라도 양도담보권자로서는 제3자이의의 소를 제기할 수 없다.

　가등기담보 등에 관한 법률의 적용을 받지 않는 경우에는 신탁적 소유권이전설에 따라 양도담보권자가 소유권을 가지고 있으므로, 양도담보권자의 일반채권자가 목적물을 압류하더라도 양도담보설정자는 제3자이의의 소를 제기할 수 없다. 즉, 양도담보권자가 소유권을 가지고 있으므로, 양도담보설정자의 일반채권자가 목적물을 압류했다면 양도담보권자는 소유자로서 제3자이의의 소를 제기할 수 있다.

　한편, 동산양도담보에서는 신탁적 소유권이전설에 따라 양도담보권자가 점유개정의 방법으로 인도를 받았다면 그 청산절차를 마치기 전이라 하더라도 담보목적물에 대한 사용수익권은 없지만 제3자에 대한 관계에서는 그 물건의 소유자임을 주장하여 제3자이의의 소를 제기함으로써 그 강제집행의 배제를 구할 수 있다.

마. 소유권유보부매매

　소유권유보부매매의 목적물은 매수인의 직접점유하에 있으므로 매수인의 채권자는 이 목적물이 매수인의 책임재산을 구성하는 것으로 알고 강제집행을 하는 경우 매도인은 유보된 소유권에 기하여 제3자이의의 소를 제기할 수 있다.

■ 관련판례

  매수인이 소유권유보부 매매의 목적물을 타인의 직접점유를 통하여 간접점유하던 중 그 타인의 채권자가 그 채권의 실행으로 그 목적물을 압류한 사안에서, 매수인은 그 강제집행을 용인하여야 할 별도의 사유가 있지 아니한 한 소유권유보 매수인 또는 정당한 권원 있는 간접점유자의 지위에서 민사집행법 제48조 제1항에 정한 '목적물의 인도를 막을 수 있는 권리'를 가진다(대법원 2009. 4. 9. 선고 2009다1894 판결).

바. 채무자에 대한 채권적청구권

  집행목적물이 채무자의 재산에 속하는 경우에는 제3자가 채무자와의 사이에 매매, 증여, 임대차계약 등에 근거하여 채무자에 대하여 인도나 이전등기를 청구할 권리가 있더라도 이러한 채권적 청구권만으로는 채무자의 채권자에 대항할 수 없으므로 제3자이의의 소를 제기할 수 없다. 예를 들어, 매수인이 매매목적물에 대하여 소유권이전등기를 하기 이전에 매도인의 채권자가 매매목적물을 압류한 경우 매수인은 매도인에 소유권이전등기청구권을 갖고 있다는 사실만으로 제3자이의의 소를 제기할 수 없다.

  집행목적물이 채무자의 재산에 속하지 않는 경우 즉, 제3자가 채무자에게 목적물을 임대차, 사용대차, 임치, 위임 등 계약에 따라 점유·사용하게 한 경우 그 채무자에 대한 채권자가 그 목적물을 압류하는 등으로 강제집행을 하게 되면 제3자는 제3자이의의 소를 제기할 수 있다.

■ 관련판례

  제3자이의의 소의 이의원인은 소유권에 한정되는 것이 아니고 집행목적물의 양도나 인도를 막을 수 있는 권리이면 족하다. 따라서 집행목적물이 집행채무자의 소유에 속하지 아니한 경우에는 집행채무자와의 계약관계에 의거하여 집행채무자에 대하여 목적물의 반환을 구할 수 있는 채권적 청구권을 가지고 있는 제3자도 집행에 의한 양도나 인도를 막을 이익이 있으므로 그 채권적 청구권도 제3자이의의 소의 이의원인이 될 수 있다(대법원 2013. 3. 28. 선고 2012다112381 판결).

3. 신청 및 재판

가. 관할법원

제3자이의의 소의 관할법원은 집행법원이다.

나. 당사자 적격

제3자이의의 소에서 원고적격이 있는 사람은 집행의 목적물에 대하여 소유권이 있다고 주장하거나 목적물의 양도 또는 인도를 막을 수 있는 권리가 있음을 주장하는 자이다. 다시 말해 제3자란 집행권원 또는 집행문에 채권자, 채무자 또는 그 승계인으로 표시된 사람 이외의 사람을 말한다. 피고적격은 압류채권자이고, 채무자가 그 이의를 다투는 때에는 채무자를 공동피고로 할 수 있다(법 48조 1항 단서).

다. 소의 이익

해당 강제집행이 종료된 후에 제3자이의의 소가 제기되거나 또는 제3자이의의 소가 제기된 당시 존재했던 강제집행이 소송계속 중 종료된 경우에는 소의 이익이 없어 부적법하다.

라. 재판

제3자이의의 소가 제기되는 경우 청구이의의 소의 경우와 마찬가지로 잠정처분(집행정지·속행·취소)을 할 수 있다(법 48조 3항, 46조).

	청구이의의 소	제3자이의의 소
원고적격	채무자	제3자
이의의 대상	집행권원	개개의 집행목적물
이의의 원인	집행권원상 청구권의 소멸·무효 등	제3자의 집행목적물에 대한 권리
제소기간	집행권원 성립 ~ 전체 집행 종료	당해 목적물에 대한 집행 (보전집행) 개시 ~ 그 목적물에 대한 집행 종료

III. 부당이득과 손해배상

1. 채권자·채무자의 책임

가. 강제집행의 경우

부당한 강제집행의 경우, 집행절차가 종료되었다면 부당이득 또는 불법행위로 인한 손해배상을 청구할 수 있다. 판결을 편취한 이른바 사위판결의 경우에는 원칙적으로 재심의 소에 의하여 판결을 취소한 이후에 부당이득이나 손해배상을 청구할 수 있다. 왜냐하면, 당사자의 법적 안정성을 위해 확정판결에 기판력을 인정한 취지나 확정판결의 효력을 배제하기 위해서는 그 확정판결에 재심사유가 존재하는 경우에 재심의 소에 의하여 그 취소를 구하는 것이 원칙적인 방법인 점에 비추어 볼 때 불법행위의 성립을 쉽게 인정해서는 안 되기 때문이다(대법원 2007. 5. 31. 선고 2006다85662 판결).

나. 담보권실행을 위한 경매의 경우

근저당권실행을 위한 경매절차가 진행되던 중 채무자가 채권자를 상대로 근저당권설정등기의 말소를 구하는 본안소송을 제기하는 한편 이를 근거로 법 275조에 따라 법 44조의 청구이의의 소에 준하여 법 46조 2항에 의한 잠정처분으로서 경매절차를 정지하는 잠정처분을 받아 그에 따라 경매절차가 정지되었다가 그 후 위 본안소송에서 채무자의 패소판결이 선고·확정되었다면, 이러한 잠정처분에 의하여 경매절차가 정지되고 그로 인하여 채권자가 입은 손해에 대하여 특별한 반증이 없는 한 잠정처분을 신청한 채무자에게 고의 또는 과실 있음이 추정되고, 따라서 부당한 경매절차정지로 인한 손해에 대하여 이를 배상할 책임이 있다(대법원 2001. 2. 23. 선고 98다26484 판결).

다. 보전처분집행의 경우

채권자가 본안소송에서 패소했다면 그 집행으로 인하여 채무자가 입은 손해에 대해서는 가압류·가처분채권자에게 고의·과실이 없다는 특별한 사정이 없는 한 배상할 책임이 있다.

관련판례

1. 부당한 가압류의 집행으로 그 가압류 목적물의 처분이 지연되어 소유자가 손해를 입었다면 가압류 신청인은 그 손해를 배상할 책임이 있다고 할 것이나, 가압류 집행 당시 부동산의 소유자가 그 부동산을 사용·수익하는 경우에는 그 부동산의 처분이 지체되었다고 하더라도 그로 인한 손해는 그 부동산을 계속 사용·수익함으로 인한 이익과 상쇄되어 결과적으로 부동산의 처분이 지체됨에 따른 손해가 없다고 할 수 있을 것이고, 만일 그 부동산의 처분 지연으로 인한 손해가 그 부동산을 계속 사용·수익하는 이익을 초과한다면 이는 특별손해라고 할 수 있을 것이다(대법원 2009. 7. 23. 선고 2008다79524 판결).

2. 제3채무자가 가압류결정이 있었다는 이유로 진정한 채권자인 제3자에게 그 채무의 이행을 거절하는 경우에는 진정한 채권자인 제3자로서는 결과적으로 위와 같은 부당한 가압류로 인하여 자신의 채권을 제때에 회수하지 못하는 손해를 입게 될 것이고, 이 경우 그 손해는 위 부당한 가압류와 상당인과관계가 있는 것이다. 따라서 비록 가압류가 법원의 재판에 의하여 집행되는 것이기는 하지만, 그 부당한 가압류에 관하여 고의 또는 과실이 있는 가압류채권자는 그 가압류집행으로 인하여 제3자가 입은 위와 같은 손해를 배상할 책임이 있다. 그렇다면, 가압류채권자가 제3자 명의의 예금채권을 실제로는 가압류채무자의 것이라 주장하면서 가압류신청을 하고 그에 따른 가압류결정에 기해 가압류집행이 된 사안에서, 가압류집행으로 제3자가 입은 손해를 가압류채권자가 배상할 책임이 있다(대법원 2009. 2. 26. 선고 2006다24872 판결).

3. 부동산의 등기청구권을 보전하기 위한 처분금지가처분이 부당하게 집행되었다고 하더라도 이러한 처분금지가처분은 처분금지에 대하여 상대적 효력만을 가지는 것이어서 그 집행 후에도 채무자는 당해 부동산에 대한 사용·수익을 계속하면서 여전히 이를 처분할 수 있으므로, 비록 그 가처분의 존재로 인하여 처분기회를 상실하였거나 그 대가를 제때 지급받지 못하는 불이익을 입었다고 하더라도 그것이 당해 부동산을 보유하면서 얻는 점용이익을 초과하지 않는 한 손해가 발생하였다고 보기 어렵고, 설사 점용이익을 초과하는 불이익을 입어 손해가 발생하였다고 하더라도 그 손해는 특별한 사정에 의하여 발생한 손해로서 가처분채권자가 그 사정을 알았거나 알 수 있었을 때에 한하여 배상책임을 진다(대법원 2001. 1. 19. 선고 2000다58132 판결).

제4장 금전집행

제1절 재산명시절차

채권자의 금전채권 만족을 위한 전제로서 채무자의 책임재산을 파악하고 채무이행을 간접적으로 강제할 목적으로 하는 제도로서, 재산명시절차, 재산조회, 채무불이행자명부등재가 있다.

Ⅰ. 재산명시절차

1. 의의

재산명시절차는 특정 목적물에 대한 구체적 집행행위 또는 보전처분의 실행을 내용으로 하는 압류 또는 가압류·가처분과 달리, 집행목적물을 탐지하여 강제집행을 용이하게 하기 위한 강제집행의 보조 절차나 부수절차, 또는 강제집행의 준비행위와 강제집행 사이의 중간적 단계의 절차에 불과하다(대법원 2001. 5. 29. 선고 2000다32161 판결). 효과 또한 확정적 시효중단의 효과가 발생하는 가압류·가처분과는 달리 채권자가 확정판결에 기한 채권의 실현을 위하여 채무자에 대하여 민사집행법상 재산명시신청을 하고 그 결정이 채무자에게 송달되었다면 거기에 소멸시효 중단사유인 '최고'로서의 효력만이 인정되므로, 재산명시결정에 의한 소멸시효 중단의 효력은, 그로부터 6월 내에 다시 소를 제기하거나 압류 또는 가압류, 가처분을 하는 등 민법 제174조에 규정된 절차를 속행하지 아니하는 한, 상실된다(대법원 2012. 1. 12. 선고 2011다78606 판결).

2. 신청 및 재판

집행력 있는 정본과 집행개시요건을 갖춘 경우, 채무자의 재산을 쉽게 찾을 수 없는 경우, 집행권원에 표시된 금전채권의 완전변제에 이르지 않은 경우 등의 요건을 충족해야 한다. 재산명시신청에 정당한 이유가 있는 때에는 법원은 채무자에게 명시기일에 출석하여 재산상태를 명시한 재산목록을 제출하도록 명할 수 있다. 채무자는 재산명시명령을 송달받은 날부터 1주 이내에 이의신청을 할 수 있다.

3. 재산명시기일

채무자는 출석의무가 있고, 채권자는 출석의무가 없다. 채무자는 명시기일에 법원에 채무자의 현재의 책임재산과 채무자의 과거의 재산을 명시한 재산목록을 제출해야 한다. 채무자가 정당한 사유 없이 명시기일에 불출석하거나, 재산목록 제출을 거부하거나 선서를 거부한 경우에는 20일 이내의 감치에 처하고, 채무자가 거짓의 재산목록을 낸 때에는 3년 이하의 징역 또는 500만원 이하의 벌금에 처한다.

Ⅱ. 재산조회

1. 의의

재산명시절차가 채무자로 하여금 그 보유재산을 명시하도록 하여 이를 통해 강제집행할 재산을 찾는 절차라면, 재산조회제도는 채무자의 협조 없이 법원이 적극적으로 개입함으로써 공공기관 등의 전산망자료를 이용해 채무자의 재산을 찾는 절차이다. 재산조회는 사법보좌관의 업무이다.

2. 재판

재산명시절차로 채무자의 재산상태를 확보할 수 없는 경우, 법원은 채권자의 신청에 따라 채무자 개인의 재산 및 신용에 관하여 전산망을 관리하는 공공기관, 금융기관, 단체 등에 채무자 명의의 재산을 조회한다. 조회받은 기관·단체의 장이 정당한 사유 없이 거짓 자료를 제출하거나 자료 제출을 거부하는 때에는 결정으로 500만원 이하의 과태료에 처한다(법75조 2항). 이러한 결정에 대해서는 즉시항고할 수 있다(법 75조 3항).

Ⅲ. 채무불이행자명부등재

1. 의의

채무를 이행하지 아니하는 불성실한 채무자의 인적 사항을 공개함으로써 명예와 신용의 훼손과 같은 불이익을 가하고 이를 통해 채무의 이행에 노력하게 하는 간접강제의 효과를 거둠과 아울러 일반인으로 하여금 거래상대방에 대한 신용조사를 용이하게 하여 거래의 안전을 도모하게 함을 목적으로 하는 제도이다.

2. 재판 등

법원은 채권자의 등재 신청에 정당한 이유가 있는 때에는 채무자를 채무불이행자명부에 올리는 결정을 해야 한다. 변제, 그 밖의 사유로 채무가 소멸되었다는 것이 증명된 때에는 법원은 채무자의 신청에 따라 채무불이행자명부에서 그 이름을 말소하는 결정을 해야 한다(법 73조 1항).

즉, 채무 소멸 등의 실체적 사유는 채무불이행자명부 등재 결정 이전에는 신청의 소극적 요건에 해당하고, 등재 결정 확정 이후에는 그 말소 요건에 해당하는 점에 비추어 보면, 등재 결정에 대한 즉시항고 사유 역시 절차적 사유에 한정되지 아니하므로 채무가 존재하지 아니하거나 변제 그 밖의 사유로 소멸하였다는 등의 실체적 사유도 이에 포함된다. 따라서 채무불이행자명부 등재 결정이 내려진 경우, 채무자는 위와 같은 실체적 사유를 증명함으로써 등재 결정에 대하여 즉시항고를 제기할 수 있고, 등재 결정이 확정된 이후에는 이와 별도로 그 사유를 증명하여 채무이행자 명부에 그 이름을 말소하는 결정을 신청할 수도 있다(대법원 2022. 5. 17. 자 2021마6371 결정).

채무불이행자명부 등재 신청의 기초가 된 집행권원이 확정판결 또는 이와 동일한 효력이 있는 것이라고 하더라도 이에 대하여 청구이의의 소를 제기하여 승소 확정판결을 받아야 하는 것은 아니고, 확정판결 등 집행권원의 기판력이 발생한 후에 채무의 소멸사유가 생긴 것을 증명하는 것으로 충분하다(대법원 2023. 7. 14. 자 2023그610 결정).

채무불이행자명부에 오른 다음 해부터 10년이 지난 때에는 법원은 직권으로 명부에 오른 이름을 말소하는 결정을 해야 한다(법 73조 3항).

제2절 부동산강제집행

제1관 일반론

Ⅰ. 의의

채권자의 금전채권 만족을 위한 강제집행은 집행대상인 재산의 종류에 따라 부동산집행, 선박 등 준부동산집행, 유체동산집행, 채권집행 등으로 나누어진다. 부동산집행은 부동산의 매각을 목적으로 하는 강제경매와 부동산의 수익을 목적으로 하는 강제관리로 나누어진다. 부동산집행은 다른 금전집행과 같이 압류·현금화·만족이라는 단계를 거친다. 이하에서는 단계별로 살펴보도록 하자.

Ⅱ. 압류

1. 일반론

가. 의의

부동산에 대한 강제경매에서 통상의 방법에 따른 채무자의 관리·이용은 허용한다. 그러나 부동산에 대한 압류 후에 채무자가 부동산을 양도하거나 용익권·담보권을 설정하더라도 채무자의 처분은 집행절차상 그 처분금지효에 따라 효력이 없다.

나. 유치권과의 관계

채무자 소유의 건물 등 부동산에 경매개시결정등기가 마쳐져 압류의 효력이 발생한 후에 채무자가 위 부동산에 관한 공사대금채권자(압류의 효력이 발생하기 전에 이미 공사대금채권을 취득한 채권자)에게 그 점유를 이전함으로써 그로 하여금 유치권을 취득하게 한 경우, 그와 같은 점유의 이전은 목적물의 교환가치를 감소시킬 우려가 있는 처분행위에 해당하여 법 92조 1항, 83조 4항에 따른 압류의 처분금지적 효력에 저촉되므로 점유자로서는 위 유치권을 내세워 그 부동산에 관한 경매절차의 매수인에게 대항할 수 없다. 또한, 채무자 소유의 건물에 관하여 증·개축 등 공사를 도급받은 수급인이 경매개시결정등기가 마쳐지기 전에 채무자로부터 그 건물의 점유를 이전받았더라도 경매개시결정등기가 마쳐져 압류의 효력이 발생한 후에 공사를 완공하여 공사대금채권을 취득함으로써 그때 비로소 유치권이 성립한 경우에는, 수급인은 그 유치권을 내세워 경매절차의 매수인에게 대항할 수 없다. 반면, 가압류등기가 이루어져 있을 뿐 현실적인 매각절차가 이루어지지 않고 있는 상황에서 채무자의 점유이전으로 인하여 제3자가 유치권을 취득하더라도 이를 처분행위로 볼 수 없으므로 유치권자는 매수인에게 대항할 수 있다.

한편, 부동산에 관하여 체납처분에 의한 압류(체납처분압류)가 되어 있다고 하여 경매절차에서 이를 그 부동산에 관하여 경매개시결정에 따른 압류가 행해진 경우와 같이 볼 수 없다. 따라서 체납처분압류가 되어 있는 부동산이라고 하더라도 경매절차가 개시되어 경매개시결정등기가 되기 전에 부동산에 관하여 유치권을 취득한 유치권자는 경매절차의 매수인에게 유치권을 행사할 수 있다.

▌ 관련판례
1. 경매로 인한 압류의 효력이 발생하기 전에 민사유치권을 취득한 경우에는 그 유치권의 취득시기가 근저당권설정 이후라거나 유치권의 취득 전에 설정된 근저당권에 기하여 경매절차가 개시되었다고 하더라도 유치권자는 부동산경매절차의 매수인에 대항할 수 있다. 즉, 유치권의 경우 특별한 사정이 없는 한 그 성립시기에 관계없이 경매절차에서 매각으로 소멸하지 않고, 그 성립시기가 저당권 설정 후라고 하여 달리 볼 것은 아니다(대법원 2009. 1. 15. 선고 2008다70763 판결).
2. 채무자 소유의 부동산에 관하여 이미 선행저당권이 설정되어 있는 상태에서 채권자의 상사유치권이 성립한 경우, 상사유치권자는 채무자 및 그 이후 채무자로부터 부동산을 양수하거나 제한물권을 설정받는 자에 대해서는 대항할 수 있지만, 선행저당권자 또는 선행저당권에 기한 임의경매절차에서 부동산을 취득한 매수인에 대한 관계에서는 상사유치권으로 대항할 수 없다(대법원 2013. 2. 28. 선고 2010다57350 판결).

2. 압류효력의 객관적 범위

압류부동산에 부합된 물건과 종물에 미친다.

3. 압류효력의 주관적 범위(상대적 무효와 개별상대효)

압류효력의 주관적 범위와 관련하여 채무자의 처분행위는 상대적 무효이다 (절대적 무효가 아니다). 즉 채무자와의 관계에서는 여전히 유효하다. 상대적 무효라고 보는 경우 어떠한 범위 내에서 즉, 집행절차상 누구에 대하여 무효라고 볼 것인지에 대하여 절차상대효설과 개별상대효설의 대립이 있다. <u>판례는 압류의 경우, 압류채권자가 자신의 채권의 만족을 위하여 압류목적물을 집행절차에서 현금화하는 것인 만큼 압류의 효력은 그 목적 달성에 필요한 한도 내에서만 미친다는 전제에서 압류목적물에 채무자가 한 처분행위는 압류채권자에 대해서만 대항할 수 없을 뿐 처분 후의 다른 이중압류채권자나 배당요구채권자와의 관계에서는 완전히 유효하다는 개별상대효설의 입장이다.</u>

III. 매각에 의한 부동산상 부담의 처리

1. 소멸주의와 인수주의

경매절차상 매각에 의하여 목적부동산 위의 물적 부담을 어떻게 처리할 것인지에 관하여, 매각에 의하여 이러한 부담을 소멸시키고 매수인이 부담 없는 부동산을 취득하게 하는 입장인 소멸주의와 목적부동산에 압류채권자의 채권에 우선하는 채권에 관한 부담이 있는 경우 매각에 의하여 그 부담을 소멸시키지 않고 매수인이 이를 인수한다는 입장인 인수주의가 있다.

가. 저당권, 전세권 등

(1) 의의

저당권·가등기담보권은 매각에 의하여 무조건 소멸한다. 그러나, 지상권, 지역권, 전세권, 등기된 임차권, 대항요건을 갖춘 임차권과 같은 용익권은 저당권, 압류채권, 가압류채권에 대항할 수 없는 후순위의 경우에는 매각에 의하여 소멸하나 (법 91조 3항), 저당권설정등기 전이나 압류·가압류등기 전의 선순위의 경우, 즉 이에 대항할 수 있는 경우에는 소멸할 까닭이 없으므로 매수인이 인수한다(법 91조 4항 본문).

(2) 최선순위 전세권

전세권자가 배당요구를 하면 매각으로 소멸한다(법 91조 4항 단서). 즉, 전세권자가 배당요구를 하지 않는 한 최선순위 전세권은 매수인에게 인수되며 반대로 배당요구를 하면 존속기간에 상관없이 소멸한다.

(3) 최선순위 전세권자의 지위와 대항력을 갖춘 임차인의 지위를 겸유한 경우

전세권자로서의 지위와 주택임대차보호법상 대항력을 갖춘 임차인으로서의 지위를 함께 가진다. 주의할 점은 임차인으로서의 지위에 기하여 경매법원에 배당요구를 했다면, 배당요구를 하지 않은 전세권에 관해서는 배당요구가 있는 것으로 볼 수 없다. 왜냐하면, 주택임차인이 그 지위를 강화하고자 별도로 전세권설정등기를 마치더라도 주택임대차보호법상 임차인으로서 우선변제를 받을 수 있는 권리와 전세권자로서 우선변제를 받을 수 있는 권리는 근거규정 및 성립요건을 달리하는 별개의 권리이기 때문이다(대법원 2010. 6. 24. 선고 2009다40790 판결). 따라서, 최선순위 전세권자로서 배당요구를 하여 전세권이 매각으로 소멸되었더라도 주택임대차보호법상 임차인으로서 변제받지 못한 나머지 보증금에 기하여 대항력을 행사할 수 있고 그 범위 내에서 임차주택의 매수인은 임대인의 지위를 승계한 것으로 보아야 한다(대법원 2010. 7. 26. 자 2010마900 결정).

나. 가처분, 순위보전의 가등기, 등기된 환매권

(1) 의의

가처분, 순위보전의 가등기, 등기된 환매권은 용익권에 준하여 등기순위에 의하여 소멸 여부가 결정된다. 가령, 제 1, 2 순위의 근저당권설정등기 사이에 소유권이전등기청구권의 순위보전을 위한 가등기가 경료된 부동산에 대한 경매절차에서 매각허가결정이 확정되고 매각대금이 완납된 경우 위 가등기 및 그에 기한 본등기상의 권리는 모두 소멸한다.

(2) 최선순위 가등기가 있는 경우와 집행법원의 조치

담보가등기와 달리 소유권이전등기청구권의 순위보전을 위한 가등기는 선순위 담보권이나 가압류가 없는 이상 말소되지 않고 매수인에게 인수된다. 예컨대,

소유권이전등기청구권 보전의 가등기보다 후순위로 마쳐진 근저당권의 실행을 위한 경매절차에서 매각허가결정에 따라 매각대금이 완납된 경우에도, 선순위인 가등기는 소멸하지 않고 존속하는 것이 원칙이다. 다만 그 가등기보다 선순위로 기입된 가압류등기는 근저당권의 실행을 위한 경매절차에서 매각으로 인하여 소멸하고, 이러한 경우에는 가압류등기보다 후순위인 가등기 역시 민사집행법 제144조 제1항 제2호에 따라 매수인이 인수하지 아니한 부동산의 부담에 관한 기입에 해당하여 말소촉탁의 대상이 된다(대법원 2022. 5. 12. 선고 2019다265376 판결).

▌관련판례

부동산의 강제경매절차에서 경매목적부동산이 낙찰된 때에도 소유권이전등기청구권의 순위보전을 위한 가등기는 그보다 선순위의 담보권이나 가압류가 없는 이상 담보목적의 가등기와는 달리 말소되지 아니한 채 낙찰인에게 인수되는 것인바, 권리신고가 되지 않아 담보가등기인지 순위보전의 가등기인지 알 수 없는 경우에도 그 가등기가 등기부상 최선순위이면 집행법원으로서는 일단 이를 순위보전을 위한 가등기로 보아 낙찰인에게 그 부담이 인수될 수 있다는 취지를 입찰물건명세서에 기재한 후 그에 기하여 경매절차를 진행하면 족한 것이지, 반드시 그 가등기가 담보가등기인지 순위보전의 가등기인지 밝혀질 때까지 경매절차를 중지하여야 하는 것은 아니다(대법원 2003. 10. 6. 자 2003마1438 결정).

다. 유치권

(1) 의의

유치권은 매각에 의하여 소멸되지 않는다. 매수인은 유치권에 의하여 담보되는 채권을 변제할 책임이 있다(법 91조 5항). 여기에서 '변제할 책임이 있다'는 의미는 부동산상의 부담을 승계한다는 취지로서 인적채무까지 인수한다는 취지는 아니므로, 유치권자는 매수인에 대하여 그 피담보채무의 변제가 있을 때까지 유치목적물인 부동산의 인도를 거절할 수 있을 뿐이고, 그 피담보채권의 변제를 청구할 수 없다.

(2) 최고가매수신고인이 있는 경우 유치권 신고와 집행법원의 조치

경매절차에서 유치권자의 유치권신고는 의무가 아니므로, 경매절차에서 진정한 유치권자는 유치권신고 여부와 관계없이 매수인에게 대항할 수 있다. 결국, 유치권자의 편의에 따라 유치권신고 여부가 결정되고, 이에 따라 최저매각가격에 큰 영향을 미치게 되는 문제가 발생한다. 이에 경매법원은 유치권 신고가 매각기일 이전에 접수되는 경우에는 매각물건명세서에 유치권 신고가 있으나 그 성립 여부는 명확하지 않다는 내용을 기재하여 매각을 진행한다. 유치권 신고가 매각기일부터 매각결정기일까지 사이에 접수되는 경우에는 매각불허가결정을 한다. 유치권 신고가 매각결정기일부터 매각허부결정 확정시까지에 접수되는 경우에는 매각허가결정을 취소하고 새로운 매각을 진행하고, 매각허가결정 확정 후부터 대금지급시까지에 접수되는 경우도 동일하게 처리한다.

라. 법정지상권, 분묘기지권

저당권설정등기나 압류·가압류 등기 전에 이들 권리가 발생한 경우 매수인이 이를 인수한다.

2. 잉여주의

경매부동산의 매각대금으로 집행비용과 압류채권자의 채권에 우선하는 채권을 변제하면 남을 것이 없는 경우에는 부동산의 매각을 허용하지 않는다(잉여주의). 무의미한 집행이기 때문이다.

IV. 채권자가 경합하는 경우 – 평등주의

실체법상 우선권이 인정되지 아니한 채권자들 예컨대 압류채권자나 일반채권자를 시간적 선후에 관계없이 모두 평등하게 취급하여 각 채권액에 비례하여 현금화한 돈을 배당한다. 우리 민사집행법의 입장이다. 다만, 평등주의의 문제점을 일부 극복하기 위하여 배당요구자격자를 집행력 있는 정본을 가진 채권자 등으로 한정하고(법 88조 1항), 배당요구의 시기, 즉 배당참가시기를 첫 매각기일 이전으로 제한하고 있다.

제2관 강제경매

《 부동산강제경매절차의 도해 》

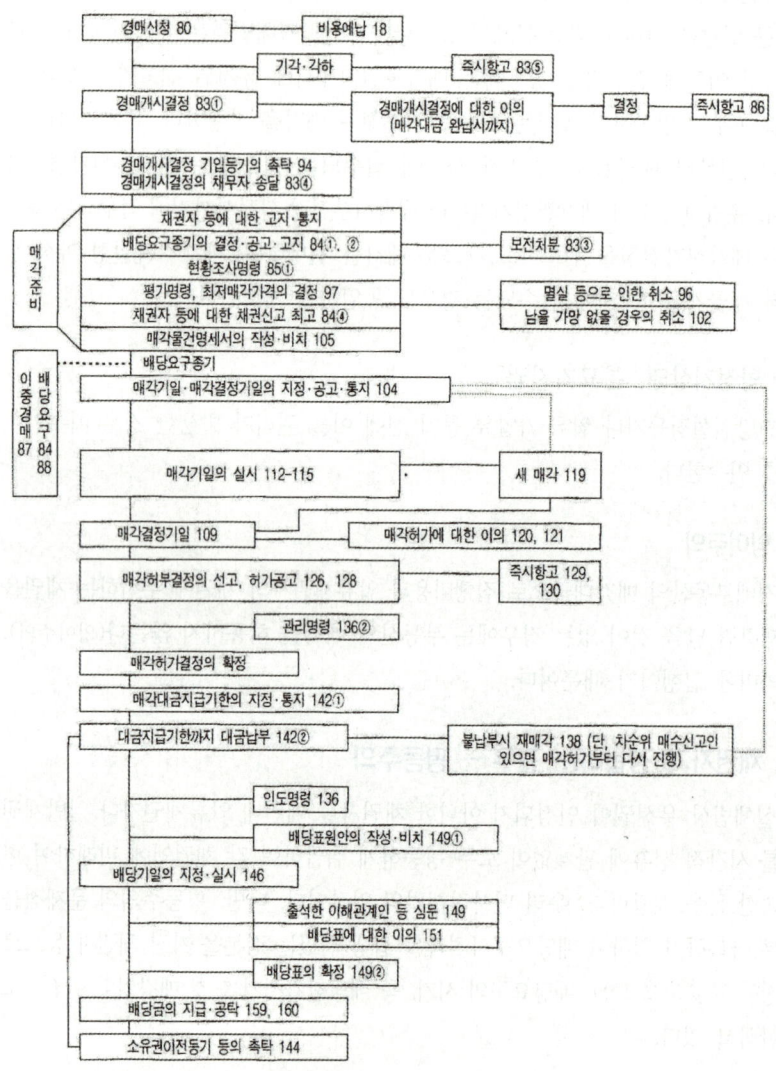

Ⅰ. 강제경매의 개시

1. 강제경매의 신청

강제경매를 신청하기 위해서는 채권자·채무자와 법원, 경매의 목적물인 부동산의 표시, 경매의 이유가 된 일정한 채권과 집행할 수 있는 일정한 집행권원 등 세 가지를 기재한 신청서를 작성하여 관할법원에 제출해야 한다(법 80조). 경매신청은 집행채권에 관하여 최고(민 174조)로서의 시효중단의 효력이 있다.

2. 경매신청시 채권의 일부청구와 청구금액의 확장 여부

강제경매에서 채권의 일부 청구를 한 후 그 경매절차개시 후 청구금액을 확장하는 것은 허용되지 않는다. 압류의 상대적 효력의 객관적 범위를 개별상대효로 보는 한 애당초 일부 채권에 생긴 압류의 효력을 그대로 유지하면서 양적 범위를 증대시키는 집행채권의 확장은 허용될 수 없으며, 이를 허용할 경우 후순위권리자들의 배당액이 그만큼 줄어들기 때문이다.

3. 경매개시결정

가. 의의

경매개시결정시 압류를 명해야 한다(법 83조 1항). 경매개시결정은 채무자에게 송달해야 한다. 경매개시 결정은 법원사무관 등이 그 사유를 등기관에게 촉탁하여 등기부에 기입(경매개시결정등기)한다(법 94조). 경매개시결정에 의한 압류의 효력발생시기는 채무자에게 송달된 때 또는 경매개시결정등기가 된 때 중 먼저 된 때이다(법 83조 4항). 이에, 경매개시결정등기로 압류의 효력이 발생하므로 경매개시결정등기를 압류등기라고 한다.

나. 효력

경매개시결정에 따라 압류의 효력이 발생하면 최초 경매신청에 따라 최고로서의 시효중단의 효력이 발생했던 때인 경매신청시로 소급하여 집행채권에 관하여 압류로서의 시효중단의 효력이 생긴다. 압류에 의한 시효중단의 효력은 압류가 해제되거나 집행절차가 종료될 때까지 계속된다. 즉, 압류가 해제되거나 집행절차가 종료된 때 시효중단사유가 종료하며 새로이 시효기간이 진행한다.

4. 경매개시결정에 대한 이의신청과 이해관계인

가. 의의

경매개시결정에 대하여 이해관계인은 이의신청을 할 수 있다(법 86조 1항). 경매개시결정에 대한 이의신청은 경매개시결정에 대한 형식적인 절차상 흠에 대한 불복방법이므로, 실체적 권리관계에 관한 사유 즉 집행채권의 부존재·소멸 등 실체상의 이유로는 이의신청을 할 수 없고, 이러한 경우에는 청구이의의 소에 의해야 한다. 그러나, 담보권실행을 위한 경매에서는 강제경매의 경우와 달리 담보권의 부존재·소멸 등의 실체상 이유도 이의사유로 할 수 있다는 점에서 구별된다.

나. 이의신청권자로서의 이해관계인

법 90조에 열거된 사람만이 이해관계인이 된다. 압류채권자와 집행력 있는 정본에 의하여 배당을 요구한 채권자, 채무자 및 소유자, 등기부에 기입된 부동산 위의 권리자, 부동산 위의 권리자로서 그 권리를 증명한 사람으로 한다. 따라서, 명문의 규정이 없는 임금채권자는 비록 배당절차에는 참가하지만 부동산 위의 권리자는 아니므로 이해관계인에 해당하지 않는다.

이러한 이해관계인이 되기 위해서는 권리신고를 하여야 하고, 이러한 권리신고를 한 것만으로는 당연히 배당을 받게 되는 것은 아니며 별도의 배당요구를 해야 한다. 참고로, 유치권 신고자가 법 제90조 제4호의 이해관계인인 '부동산 위의 권리자로서 그 권리를 증명한 사람'에 해당하기 위해서는 신고서 접수 이후 매각허가결정이 있을 때까지 유치권의 취득·존속에 관한 사실을 집행법원에 증명하여야 한다(대법원 2024. 4. 5. 자 2023마7896 결정).

5. 경매개시결정에 대한 이의신청의 재판

이의신청을 하더라도 집행정지의 효력은 없고, 다만 잠정처분을 받을 수 있다(법 86조 2항, 16조 2항). 이의신청이 이유 없는 경우에는 이의신청을 기각한다. 이의신청이 이유 있는 경우에는 경매개시결정을 취소한다. 이의신청에 대한 재판에 대하여 이해관계인은 즉시항고를 할 수 있다(법 86조 3항). 즉시항고를 하더라도 집행정지의 효력은 없고, 다만 잠정 처분을 받을 수 있다(법 86조 항, 15조 6항 단서).

6. 경매신청의 취하

경매신청인은 매수인이 매각대금을 다 낼 때까지 경매신청을 취하할 수 있다. 경매신청이 취하되면 압류의 효력은 소멸한다(법 93조 1항). 배당요구채권자는 압류채권자의 경매신청의 취하에 대비하여 이중압류를 해야 한다. 이를 통하여 하나의 압류가 효력이 없더라도 다른 압류는 유효하므로 경매절차를 계속 진행할 수 있다.

II. 채권자 경합의 집행절차

1. 이중경매개시결정(압류의 경합)

강제경매절차를 개시하는 결정을 한 부동산에 대하여 다른 경매의 신청이 있는 때에는 집행법원은 다시 경매개시결정(이중경매개시결정)을 한다. 먼저 경매개시결정을 한 경매절차(선행절차)의 이해관계인에 대한 통지를 해야 한다(법 89조). 이중경매개시결정이 있는 경우에도 선행절차에 따라 경매한다(법 87조 1항). 선행절차의 경매신청이 취하되거나 그 절차가 취소된 경우, 또는 선행절차가 정지된 경우에는 선행절차를 승계하여 후행절차에 따라 진행한다.

2. 배당요구

가. 의의

배당요구는 다른 채권자에 의하여 개시된 집행절차에 참가하여 동일한 재산의 매각대금에서 변제를 받으려는 집행법상의 행위를 말한다. 배당에 참가하기 위해서는 배당요구를 해야 하는 경우와 배당요구를 하지 않아도 되는 경우로 나누어진다.

나. 배당요구를 해야 배당에 참가할 수 있는 채권자(법 88조 1항)

(1) 집행력 있는 정본을 가진 채권자

집행력 있는 정본을 가진 채권자가 하는 배당요구는 민법 168조 2호의 압류에 준하는 것으로서 배당요구에 관련된 채권에 관하여 소멸시효중단의 효력이 있다.

(2) 첫 경매개시결정등기 뒤에 가압류를 한 채권자

가압류채권자 중 첫 경매개시결정등기 전에 가압류를 한 채권자는 배당요구를 하지 않더라도 당연히 배당을 받을 수 있으나(법148조 3호), 첫 경매개시결정등기 뒤에 가압류를 한 채권자는 경매신청채권자에 대항할 수 없고 집행법원도 가압류된 사실을 알 수 없으므로 배당요구를 해야만 배당을 받을 수 있다.

(3) 민법·상법, 그 밖의 법률에 의하여 우선변제권이 있는 채권자

최종 3개월분의 임금채권자와 재해보상채권자, 최종 3년간의 퇴직금채권자를 비롯한 근로관계채권자, 국민건강보험료·산업재해보험료 채권자 등, 소액보증금채권자를 비롯한 임차주택·상가건물의 확정일자를 갖춘 임차보증금채권자 등은 배당요구해야 한다. 다만, 주택임대차보호법상의 대항력과 우선변제권을 모두 가지고 있는 임차인이 보증금을 반환받기 위하여 보증금반환청구소송의 확정판결 등 집행권원을 얻어 임차주택에 대하여 스스로 강제경매를 신청했다면 특별한 사정이 없는 한 대항력과 우선변제권 중 우선변제권을 선택하여 행사한 것으로 보아야 하고, 이때에는 우선변제권을 인정받기 위하여 배당요구의 종기까지 별도로 배당요구를 할 필요는 없다(대법원 2013. 11. 14. 선고 2013다27831 판결).

근로기준법 및 근로자퇴직급여 보장법에 의하여 우선변제청구권을 갖는 임금 및 퇴직금 채권자는 그 자격을 소명하는 서면을 붙인 배당요구서에 의하여 배당요구를 해야 한다. 다만 민사집행절차의 안정성을 보장하여야 하는 절차법적 요청과 근로자의 임금채권을 보호하여야 하는 실체법적 요청을 형량하여 보면 우선변제청구권이 있는 임금 및 퇴직금 채권자가 배당요구 종기까지 위와 같은 소명자료를 제출하지 않았다고 하더라도 배당표가 확정되기 전까지 이를 보완하였다면 우선배당을 받을 수 있다(대법원 2022. 4. 28. 선고 2020다299955 판결).

(4) 첫 경매개시결정등기 뒤에 등기된 저당권자·담보가등기권자

경매개시결정등기 뒤에야 이러한 등기가 마쳐진 경우에는 저당권자나 가등기담보권자가 집행법원에 배당요구를 해 오지 않는 이상 집행법원으로서는 위와 같은 피담보채권이 존재하는지 여부조차 알지 못하므로, 경매개시결정등기 뒤에 이러한 등기가 마쳐시게 된 경우에는 저당권자나 가등기담보권자가 배당요구의 종기까지 배당요구를 해야만 배당을 받을 수 있다.

┃ 관련판례

　저당권설정등기청구권을 보전하기 위한 처분금지가처분의 등기가 이미 되어 있는 부동산에 관하여 그 후 소유권이전등기나 처분제한의 등기 등이 이루어지고, 그 뒤 가처분채권자가 본안소송의 승소확정으로 피보전권리 실현을 위한 저당권설정등기를 하는 경우에, 가처분등기 후에 이루어진 소유권이전등기나 처분제한의 등기 등 자체가 가처분채권자의 저당권 취득에 장애가 되는 것은 아니어서 등기가 말소되지는 않지만, 가처분채권자의 저당권 취득과 저촉되는 범위에서는 가처분등기 후에 등기된 권리의 취득이나 처분의 제한으로 가처분채권자에게 대항할 수 없게 된다. 따라서, 저당권설정등기청구권을 보전하기 위한 처분금지가처분의 등기 후 피보전권리 실현을 위한 저당권설정등기가 되면, 그 후 가처분등기가 말소되더라도 여전히 가처분등기 후에 등기된 권리의 취득이나 처분의 제한으로 가처분채권자의 저당권 취득에 대항할 수 없다(대법원 2015. 7. 9. 선고 2015다202360 판결).

다. 배당요구를 하지 않아도 당연히 배당에 참가하는 채권자

(1) 경매신청채권자(법 148조 1호)

　경매절차의 개시원인이 된 경매신청을 한 채권자뿐만 아니라, 선행절차의 배당요구의 종기까지 이중경매신청을 한 채권자도 별도의 배당요구를 하지 않아도 배당을 받는다.

(2) 첫 경매개시결정등기 전에 등기된 가압류채권자(법 148조 3호)

　첫 경매개시결정등기 전에 가압류집행(가압류등기)을 한 채권자는 배당요구를 하지 않아도 배당을 받는다.

(3) 첫 경매개시결정등기 전에 등기된 담보권자, 최선순위가 아닌 용익권자(법 148조 4호)

　이들은 매각으로 당연히 소멸하나(소멸주의, 법 91조 2, 3항), 배당요구가 없더라도 순위에 따라 배당을 받을 수 있다. 등기부에 기재되어 집행법원이 이들의 존재를 인식하고 있기 때문이다.

　한편, 제3자가 채무자를 위하여 담보권의 피담보채무를 대위변제하여 채무자에 대하여 구상권을 취득하는 경우, 그 구상권의 범위 내에서 종래 채권자가 가지고 있던 채권과 그 담보권은 통일성을 유지한 채 법률상 당연히 변제한 제3자에게 이전하는데, 이때 채권자가 배당요구 없이도 당연히 배당받을 수 있었던 때에는 대위변제자는 따로 배당요구를 하지 않아도 배당받을 수 있다(대법원 2021. 2. 5. 선고 2016다232597 판결).

최선순위 용익권은 배당요구를 한 최선순위 전세권을 제외하고는 인수의 대상이 되므로, 배당요구의 유무에 불문하고 배당에 참가할 수 없다. 임차권등기명령에 의한 임차권등기가 첫 경매개시결정등기 전에 등기된 경우 임차인도 법 148조 4호에 준하여 별도의 배당요구를 하지 않아도 배당받을 채권에 해당한다.

라. 배당요구절차

(1) 배당요구와 배당

배당요구채권자는 배당요구의 종기까지 배당요구를 한 경우에 배당을 받을 수 있다. 즉, 적법한 배당요구를 하지 않은 경우에는 실체법상 우선변제권이 있는 채권자라고 하더라도 그 매각대금으로부터 배당을 받을 수 없다. 첫 경매개시결정등기 전에 전세권 또는 확정일자를 갖춘 주택·상가건물임차권은 배당요구의 종기 이내에 배당요구를 하는 경우에는 매수인이 이를 부담하지 않지만, 배당요구를 하지 않은 경우에는 매수인이 이를 인수한다.

(2) 배당요구를 하지 않은 경우와 부당이득반환청구 여부

배당요구채권자가 적법한 배당요구를 하지 아니하여 그를 배당에서 제외하는 것으로 배당표가 작성·확정되고 그 확정된 배당표에 따라 배당이 실시되었다면 그가 적법한 배당요구를 한 경우에 배당받을 수 있었던 금액 상당의 금원이 후순위채권자에게 배당되었다고 하여 이를 법률상 원인이 없는 것이라고 할 수 없다(대법원 2002. 1. 22. 선고 2001다70702 판결).

마. 배당요구효력

(1) 채권자가 배당요구의 방법으로 권리를 행사하여 경매절차에 참가하였다면 그 배당요구는 민법 제168조 제2호의 압류에 준하는 것으로서 배당요구에 관련된 채권에 관하여 소멸시효를 중단하는 효력이 생긴다.

(2) 배당을 받아야 할 채권자 중 가압류채권자가 있어 그에 대한 배당액이 공탁된 경우 공탁된 배당금이 가압류채권자에게 지급될 때까지 배당절차가

종료되었다고 단정할 수 없다. 따라서 가압류채권자에 대한 배당액을 공탁한 뒤 그 공탁금을 가압류채권자에게 전액 지급할 수 없어서 추가배당이 실시됨에 따라 배당표가 변경되는 경우에는 추가배당표가 확정되는 시점까지 배당요구에 의한 권리행사가 계속된다고 볼 수 있으므로, 그 권리행사로 인한 소멸시효 중단의 효력은 추가배당표가 확정될 때까지 계속된다(대법원 2022. 5. 12. 선고 2021다280026 판결).

III. 매각준비절차

1. 배당요구의 종기의 결정 및 공고 등

배당요구의 종기의 결정 및 공고는 경매개시결정에 따른 압류의 효력이 생긴 때부터 1주 이내에 해야 한다(법 84조 3항). 배당요구의 종기는 통상 첫 매각기일의 1월 이내로 정한다. 법원은 법 91조 4항 단서의 전세권자 및 법원에 알려진 법 88조 1항의 채권자에게 이를 고지해야 한다.

전세권자(최선순위 전세권자)에게 배당요구의 종기를 고지하는 이유는, 저당권·압류채권·가압류채권에 대항할 수 있는 최선순위 전세권은 매각으로 소멸되지 않고 매수인이 인수하지만 이 경우 전세권자가 법 88조에 따라 배당요구를 하면 매각으로 소멸하므로(법 91조 3항, 4항), 전세권자에게 배당요구의 종기를 고지함으로써 그 기간 안에 배당요구를 할 것인지 여부를 선택하도록 하기 위함이다. 또한, 법 88조 1항의 채권자들에게 배당요구의 종기를 고지하는 이유는 이들이 배당요구를 해야만 배당받을 수 있으므로, 법원이 이들에게 배당에 참여할 수 있는 공평한 기회를 주기 위함이다.

2. 채권신고의 최고

법원사무관 등은 첫 경매개시결정등기 전에 등기된 가압류채권자, 저당권·전세권, 그 밖의 우선변제청구권으로서 첫 경매개시결정등기 전에 등기되었고 매각으로 소멸하는 것을 가진 채권자 및 조세, 그 밖의 공과금을 주관하는 공공기관에 대하여 채권의 유무, 그 원인 및 액수를 배당요구의 종기까지 법원에 신고하도록 최고한다(법 84조 1항).

관련판례

1. 저당권으로서 첫 경매개시결정등기 전에 등기되었고 매각으로 소멸하는 것을 가진 채권자는 담보권을 실행하기 위한 경매신청을 할 수 있을뿐더러 다른 채권자의 신청에 의하여 개시된 경매절차에서 배당요구를 하지 않아도 당연히 배당에 참가할 수 있는데, 이러한 채권자가 채권의 유무, 그 원인 및 액수를 법원에 신고하여 권리를 행사하였다면 그 채권신고는 민법 제168조 제2호의 압류에 준하는 것으로서 신고된 채권에 관하여 소멸시효를 중단하는 효력이 생긴다. 그러나 민법 제175조에 "압류, 가압류 및 가처분은 권리자의 청구에 의하여 또는 법률의 규정에 따르지 아니함으로 인하여 취소된 때에는 시효중단의 효력이 없다."고 규정하고, 민사집행법 제93조 제1항에 "경매신청이 취하되면 압류의 효력은 소멸된다."고 규정하고 있으므로 경매신청이 취하되면 특별한 사정이 없는 한 압류로 인한 소멸시효 중단의 효력이 소멸하는 것과 마찬가지로 위와 같이 첫 경매개시결정등기 전에 등기되었고 매각으로 소멸하는 저당권을 가진 채권자의 채권신고로 인한 소멸시효 중단의 효력도 소멸한다(대법원 2010. 9. 9. 선고 2010다28031 판결).

2. 저당권으로서 첫 경매개시결정등기 전에 등기되었고 매각으로 소멸하는 것을 가진 채권자가 다른 채권자의 신청에 의하여 개시된 경매절차에서 채권신고를 하였다고 하더라도 그 채권신고에 채무자에 대하여 채무의 이행을 청구하는 의사가 직접적으로 표명되어 있다고 보기 어렵고 채무자에 대한 통지 절차도 구비되어 있지 않으므로 별도로 소멸시효 중단 사유인 최고의 효력은 인정되지 않고, 경매신청이 취하된 후 6월내에 위와 같은 채권신고를 한 채권자가 소제기 등의 재판상의 청구를 하였다고 하더라도 민법 제170조 제2항에 의하여 소멸시효 중단의 효력이 유지된다고 할 수 없다(대법원 2010. 9. 9. 선고 2010다28031 판결).

3. 경매신청이 취하된 경우에는 특별한 사정이 없는 한 압류로 인한 소멸시효 중단의 효력은 물론, 첫 경매개시결정등기 전에 등기되었고 매각으로 소멸하는 저당권을 가진 채권자의 채권신고로 인한 소멸시효 중단의 효력도 소멸하지만, 이와 달리 민사집행법 제102조 제2항에 따라 경매절차가 취소된 경우에는 압류로 인한 소멸시효 중단의 효력이 소멸하지 않고, 마찬가지로 첫 경매개시결정등기 전에 등기되었고 매각으로 소멸하는 저당권을 가진 채권자의 채권신고로 인한 소멸시효 중단의 효력도 소멸하지 않는다(대법원 2015. 2. 26. 선고 2014다228778 판결).

3. 남을 가망이 없을 경우와 경매취소

법원은 최저매각가격으로 압류채권자의 채권에 우선하는 부동산의 모든 부담과 절차비용을 변제하면 남을 것이 없겠다고 인정한 때에는 압류채권자에게 이를 통지해야 한다(잉여주의, 법 91조 1항, 102조 1항). 담보권실행을 위한 경매에도 적용된다(법 268조). 절차진행 중에도 집행법원은 남을 것이 없음을 압류채권자에게 통지해야 한다. 이는 압류채권자가 집행에 의하여 변제를 받을 가망이 전혀 없는데도 무익한 경매가 행해지는 것을 막고 또 우선채권자가 그 의사에 반한 시기에 투자의 회수를 강요당하는 것과 같은 부당한 결과를 피하기 위한 것으로 우선채권자나 압류채권자를 보호하기 위함이다.

IV. 일괄매각

법원은 여러 개의 부동산의 위치·형태·이용관계 등을 고려하여 이를 일괄매수하는 것이 적절하다고 판단하는 경우에는 직권 또는 이해관계인의 신청에 따라 일괄매각하도록 결정할 수 있다(법 98조 1항). 일괄매각은 담보권실행을 위한 경매에도 준용된다(법 제268조). 일괄매각의 일반적인 요건을 충족하는 경우에 법원은 자유재량으로 일괄매각 여부를 결정한다. 민법 365조는 토지를 목적으로 한 저당권을 설정한 후 그 저당권설정자가 그 토지에 건물을 축조한 때에는 저당권자가 토지와 건물을 일괄하여 경매를 청구할 수 있도록 규정하고 있다.

대지와 건물을 일괄경매하더라도 배당절차는 기본적으로 개별경매의 경우와 다르지 않으므로 대지와 건물을 개별경매하는 경우와 마찬가지로 대지에 대한 권리자는 대지의 매각대금에서, 건물에 대한 권리자는 건물의 매각대금에서 각 배당을 받아야 한다.

▌ 관련판례

민법 제365조가 토지를 목적으로 한 저당권을 설정한 후 그 저당권설정자가 그 토지에 건물을 축조한 때에는 저당권자가 토지와 건물을 일괄하여 경매를 청구할 수 있도록 규정한 취지는, 저당권은 담보물의 교환가치의 취득을 목적으로 할 뿐 담보물의 이용을 제한하지 아니하여 저당권설정자로서는 저당권설정 후에도 그 지상에 건물을 신축할 수 있는데, 후에 그 저당권의 실행으로 토지가 제3자에게 경락될 경우에 건물을 철거하여야 한다면 사회경제적으로 현저한 불이익이 생기게 되어 이를 방지할 필요가 있으므로 이러한 이해관계를 조절하고, 저당권자에게도 저당토지상의 건물의 존재로 인하여 생기게 되는 경매의 어려움을 해소하여 저당권의 실행을 쉽게 할 수 있도록 한 데에 있다는 점에 비추어 볼 때, 저당지상의 건물에 대한 일괄경매청구권은 저당권설정자가 건물을 축조한 경우뿐만 아니라 저당권설정자로부터 저당토지에 대한 용익권을 설정받은 자가 그 토지에 건물을 축조한 경우라도 그 후 저당권설정자가 그 건물의 소유권을 취득한 경우에는 저당권자는 토지와 함께 그 건물에 대하여 경매를 청구할 수 있다(대법원 2003. 4. 11. 선고 2003다3850 판결).

V. 매각실시절차

1. 매수신청

매각부동산을 매수하려는 사람은 매수신청을 해야 한다. 부동산을 매수하려는 사람이 매수대금을 자신이 부담하면서 다른 사람의 명의로 매각허가결정을 받기로 약정하여 그에 따라 매각허가가 이루어진 경우, 그 명의인이 매각부동산의 소유권을 취득한다. 즉, 매수자금을 부담한 사람과 명의인 사이에는 계약명의신탁관계가 성립하고, 계약명의신탁약정이 '부동산 실권리자명의 등기에 관한 법률' 시행 후인 경우에는 명의신탁자는 애초부터 당해 부동산의 소유권을 취득할 수 없었으므로, 위 계약명의신탁약정의 무효로 인하여 명의신탁자가 입은 손해는 당해 부동산 자체가 아니라 명의수탁자에게 제공한 매수자금이고, 따라서 명의수탁자는 당해 부동산 자체가 아니라 명의신탁자로부터 제공받은 매수자금 상당액이 부당이득의 대상이 된다(대법원 2010. 10. 14. 선고 2007다90432 판결).

2. 유찰된 경우

허가할 매수가격의 신고가 없이 매각기일이 최종적으로 마감된 때, 즉 유찰된 때에는 법 91조 1항에서 정하고 있는 잉여주의에 어긋나지 않는 한도에서 법원은 최저매각가격을 상당히 낮추고 새 매각기일을 정해야 한다. 이 경우, 통상 20% 또는 30%씩 저감하고 있다.

3. 공유물지분 등에 대한 경매에서의 우선매수권에 기한 매수신고

　공유물지분을 경매하는 경우에는 채권자의 채권을 위하여 채무자의 지분에 대한 경매개시결정이 있음을 등기부에 기입하고 다른 공유자에게 그 경매개시결정이 있다는 것을 통지해야 한다. 공유물지분에 대한 경매에서 공유자는 매각기일까지 법 113조에 따라 보증을 제공하고 최고매수신고가격과 같은 가격으로 채무자의 지분을 우선매수 하겠다는 신고를 할 수 있다(법 140조 1항). 공유자의 우선매수권은 공유자에게 최고매수신고가격으로 매수할 수 있는 기회를 부여하기 위한 것이므로, 집행법원은 최고가매수신고가 있더라도 그 공유자에게 매각을 허가해야 한다(법 140조 2항).

Ⅵ. 매각결정절차

　최고가매수신고인은 매각허가결정을 받아야 매수인이 된다. 매각허가결정의 확정 후 매각대금의 지급기한이 지정되기 전에 매각목적물의 일부가 멸실되었으나 매수인이 나머지 부분이라도 매수할 의사가 있어서 집행법원에 대하여 매각대금의 감액신청을 한 경우 집행법원은 민법상 하자담보책임 등에 의하여 감액결정을 하는 것이 허용된다(법 96조 유추적용).

> ▌ 관련판례
>
> 선순위 근저당권의 존재로 후순위 임차권이 소멸하는 것으로 알고 부동산을 낙찰받았으나, 그 후 채무자가 후순위 임차권의 대항력을 존속시킬 목적으로 선순위 근저당권의 피담보채무를 모두 변제하고 그 근저당권을 소멸시키고도 이 점에 대하여 낙찰자에게 아무런 고지도 하지 않아 낙찰자가 대항력 있는 임차권이 존속하게 된다는 사정을 알지 못한 채 대금지급기일에 낙찰대금을 지급하였다면, 채무자는 민법 제578조 제3항의 규정에 의하여 낙찰자가 입게 된 손해를 배상할 책임이 있다(대법원 2003. 4. 25. 선고 2002다70075 판결).

VII. 대금지급

1. 대금지급절차

매수인은 대금지급기한까지는 어느 때라도 매각대금을 집행법원에 지급할 수 있다(법 142조 2항). 채무자가 대금지급기한까지 채무를 변제한 경우 강제경매에서는 청구이의의 소로, 임의경매에서는 경매개시결정에 대한 이의신청으로 집행을 취소시킬 수 있다.

2. 대금지급과 그 효과

가. 대금지급과 소유권 취득

매수인이 매각대금을 모두 지급한 때에는 부동산 소유권을 취득한다(법 135조). 민법 187조의 법률의 규정에 의한 소유권의 취득이므로 등기시에 소유권을 취득한 것이 아니고, 이는 승계취득이다. 매각부동산의 구성부분, 종물 및 종된 권리(건물을 위한 지상권, 요역지를 위한 지역권 등)는 매각허가결정서에 기재되어 있지 않더라도 매수인이 소유권을 취득하는 범위에 포함된다. 즉, 증축부분이 기존건물에 부합하여 기존건물과 분리해서는 별개의 독립물로서의 효용을 갖지 못하는 이상 기존건물에 대한 경매절차에서 매각목적물로 평가되지 않았다고 하더라도 매수인은 그 부합된 증축부분의 소유권을 취득하고, 집합건물에서 건축자의 대지소유권에 관하여 부동산등기법에 따른 구분건물의 대지권등기가 마쳐지지 않았다고 하더라도 전유부분에 관한 경매절차가 진행되어 그 경매절차에서 전유부분을 매수한 매수인은 전유부분과 함께 대지사용권을 취득한다.

매수인은 대금지급으로 인도명령신청권을 취득하고(법 136조 1항), 경매개시결정에 대한 이의신청은 대금납부할 때까지 해야 한다(법 86조 1항). 매수인은 취득한 부동산에 권리의 흠이 있는 경우 일반매매에 준하여 담보책임을 추궁할 수 있고(민법 제578조 3항), 목적물에 흠이 있는 경우 원칙적으로 담보책임은 추궁하지 못한다(민법 580조 2항).

나. 집행채권의 부존재·소멸 등의 경우와 대금지급의 효과

압류채권자의 집행채권이 부존재·소멸된 경우에도 매수인의 소유권취득에는 아무런 영향이 없다. 확정판결에 기한 경매절차에서 확정판결이 그 후 재심의 소에서 취소되었더라도 경매절차를 정지·취소시키지 않은 이상 매수인의 소유권 취득에는 아무런 영향이 없고, 가장 채권에 기초한 집행권원으로 한 매각허가결정도 유효하다. 다만, 집행권원 자체가 처음부터 무효·부존재한 경우에는 매수인은 소유권을 취득하지 못한다.

다. 매각부동산이 채무자 아닌 제3자 소유인 경우와 대금지급의 효과

매각부동산이 채무자의 소유가 아닌 경우 매수인은 소유권을 취득하지 못하고, 경매절차는 무효가 된다. 경매절차가 무효인 경우에는 매각 허가결정과 대금납부의 효력이 없으므로 매수인이 납부한 대금은 아무런 법률상 원인이 없이 지급한 금원으로서 매수인은 배당 전이면 집행법원에 대하여, 배당이 실시된 이후이면 배당받은 채권자를 상대로 부당이득반환을 구할 수 있다. 경매절차가 유효인 경우에만 담보책임을 물을 수 있다.

> ▌관련판례
>
> 경락인이 강제경매절차를 통하여 부동산을 경락받아 대금을 완납하고 그 앞으로 소유권이전등기까지 마쳤으나, 그 후 강제경매절차의 기초가 된 채무자 명의의 소유권이전등기가 원인무효의 등기이어서 경매 부동산에 대한 소유권을 취득하지 못하게 된 경우, 이와 같은 강제경매는 무효라고 할 것이므로 경락인은 경매 채권자에게 경매대금 중 그가 배당받은 금액에 대하여 일반 부당이득의 법리에 따라 반환을 청구할 수 있고, 민법 제578조 제1항, 제2항에 따른 경매의 채무자나 채권자의 담보책임은 인정될 여지가 없다(대법원 2004. 6. 24. 선고 2003다59259 판결).

라. 대금지급 후의 법원의 조치

매수인의 대금지급시 집행법원의 법원사무관 등은 여러 가지 등기를 촉탁한다. 이러한 등기촉탁시 등기에 드는 비용(등기촉탁비용)은 매수인이 부담한다.

> ▌관련판례
>
> 경매신청의 기입등기가 이루어진 후에 경료된 제3취득자 명의의 소유권이전등기는 경락인에게 대항하지 못하는 것으로서 경락인이 인수하지 아니한 부동산 위의 부담의 기입에 해당하여 경락대금의 완납이 있는 경우에는 법원이 직권으로 그 말소를 촉탁하여야 하는 것이고, 그 제3취득자를 채무자로 하여 이루어진 압류

또는 가압류의 등기는 경락대금의 완납에 의하여 실효되는 것이고, 이러한 법리는 그 제3취득자가 경락인이 되었다거나 그 제3취득자를 채무자로 한 압류 또는 가압류의 등기가 경락대금의 완납이 있은 후에 이루어졌다고 하더라도 달라지지 아니한다. 따라서, 경매신청의 기입등기 후에 갑 명의의 소유권이전등기가 경료되고 갑이 경락인이 되어 경락대금을 완납한 상태에서 갑의 채권자인 을이 가압류를 하였는데 경매법원의 촉탁에 의하여 갑 명의의 소유권이전등기와 을 명의의 가압류등기가 모두 말소된 다음 갑 명의로 낙찰을 원인으로 한 소유권이전등기가 이루어지고 이에 터 잡아 병 명의의 근저당권설정등기가 경료된 경우, 을은 병을 상대로 말소된 가압류등기의 회복등기에 대한 승낙의 의사표시를 구할 수 없다 (대법원 2002. 8. 23. 선고 2000다29295 판결).

3. 인도명령

집행법원은 매수인이 대금을 낸 뒤 6월 이내에 신청하면 채무자·소유자 또는 부동산 점유자에 대하여 부동산을 매수인에게 인도하도록 명할 수 있고(법 136조), 이를 인도명령이라 한다. 점유자가 매수인에게 대항할 수 있는 권원에 의하여 점유하고 있는 것으로 인정되는 경우에는 인도명령을 신청할 수 없다(법 136조 1항 단서).

인도명령 성립 후 당사자의 승계가 있는 경우 신청인의 승계인을 위하여 또는 상대방의 승계인에 대하여 승계집행문을 부여받아 강제집행을 할 수 있고, 상대방은 실체상의 이유로 인도명령의 집행력을 배제하기 위하여 청구이의의 소를 제기할 수 있다. 매수인은 대금을 낸 뒤 6월 이내에 집행법원에 대하여 집행관으로 하여금 매각 부동산을 강제로 매수인에게 인도하는 내용의 인도명령신청을 해야 하고, 6월이 지난 뒤에는 점유자를 상대로 별도의 인도소송을 제기해야 한다.

VIII. 배당절차

1. 매각대금의 배당

매수인으로부터 대금이 지급되면 법원은 배당절차를 밟아야 한다(법 145조 1항). 매각대금으로 배당에 참가한 모든 채권자를 만족하게 할 수 없는 때에는 우선순위에 따른 배당절차가 개시된다.

2. 배당실시절차

가. 배당표에 대한 이의

사법보좌관이 작성한 배당표에 대해서는 법 151조의 규정에 따른 배당표에 대한 이의절차에 따라 불복할 수 있다. 배당기일에 출석한 채무자는 채권자의 채권 또는 그 채권의 순위에 관하여 이의를 할 수 있다(법 제151조 1항). 배당기일에 출석한 채권자는 자기의 이해에 관계되는 범위 안에서는 다른 채권자를 상대로 그의 채권의 존부·범위·순위에 관하여 이의할 수 있다(실체상의 이의, 법 151조 3항). 배당기일에 출석하지 않은 채권자는 배당표와 같이 배당을 실시하는 데에 동의한 것으로 보므로(법 153조 1항), 채권자가 배당표에 대한 이의를 신청하려면 배당기일에 출석해야 하며, 배당기일에 출석하지 않은 채권자는 서면으로서 다른 채권자의 채권에 대하여 이의를 신청할 수 없다.

> ▎관련판례
>
> 배당표에 대한 이의신청은 구술에 의해서만 가능하고 서면에 의한 이의신청은 허용되는 것이 아니므로 채권자가 미리 이의신청서를 집행법원에 제출하였다고 하더라도 배당기일에 출석하지 아니하거나 출석한 경우에도 그 이의신청서를 진술하지 아니하였다면 이의신청을 하지 않은 것으로 되어 배당표에 대한 이의의 소를 제기할 수 없다(대법원 1981. 1. 27. 선고 79다1846 판결).

나. 배당이의의 소 또는 청구이의의 소

집행력 있는 집행권원의 정본을 가진 채권자의 채권에 대하여 채무자가 이의를 한 때에는 채무자는 청구이의의 소를 제기하고(법 154조 2항), 집행력 있는 정본을 가진 채권자라고 하더라도 집행권원이 가집행선고 있는 판결인 경우 채무자로서는 그 판결이 확정된 후가 아니면 청구이의의 소를 제기할 수 없다(법 44조 1항).

집행력 있는 집행권원의 정본을 가지지 않은 채권자(가압류채권자를 제외한다)의 채권에 대하여 채무자가 이의를 하거나, 다른 채권자에 대하여 채권자가 이의를 한 때에는 그 이의를 한 당사자가 배당이의의 소를 제기하여(법 154조 1항), 배당기일부터 1주 이내에 집행법원에 배당이의의 소를 제기한 사실을 증명하는 서류를 제출해야 한다.

3. 배당순위

배당순위와 관련하여서는 아래의 표의 순서대로 이해하면 된다. 이하에서는 주로 문제되는 쟁점 위주로 살펴본다.

	저당권이 국세보다 앞선 경우	저당권이 국세보다 늦은 경우	저당권이 없는 경우
1	• 집행비용(민사집행법 제53조)		
2	• 경매부동산의 관리에 소요된 필요비 및 유익비(민법 제367조)		
3	• 소액임차보증금채권(주택임대차보호법 제8조 제1항, 상가건물임대차보호법 제14조 제1항) • 최종 3개월분 임금과 최종 3년간의 퇴직금 및 재해보상금(근로기준법 제37조 제2항) ※ 위 채권들이 서로 경합하는 경우에는 동등한 순위의 채권으로 보아 배당함(재민 91-2)		
4	• 집행목적물에 부과된 국세, 지방세(국세기본법 제35조 제1항 제3호, 지방세법 제31조 제2항 제3호)	• 당해세를 포함한 조세 그 밖에 이와 같은 순위의 징수금	• 근로기준법 제37조 제2항의 임금 등을 제외한 임금, 그밖에 근로관계로 인한 채권
5	• 국세 및 지방세의 법정기일 전에 설정 등기된 저당권·전세권에 의하여 담보되는 채권(국세기본법 제35조 제1항, 지방세법 제31조 제2항) • 확정일자를 갖춘 주택 및 상가건물의 임차보증금 반환채권(주택임대차보호법 제3조의 2 제2항, 상가건물임대차보호법 제5조 제2항)	• 조세 다음 순위의 공과금 중 납부기한이 저당권·전세권의 설정등기보다 앞서는 건강보험료, 연금보험료	• 당해세를 포함한 조세 그 밖에 이와 같은 순위의 징수금
6	• 근로기준법 제37조 제2항의 임금 등을 제외한 임금 기타 근로관계로 인한 채권(근로기준법 제37조 제1항)	• 저당권·전세권에 의해 담보되는 채권	• 조세 다음 순위의 공과금

	저당권이 국세보다 앞선 경우	저당권이 국세보다 늦은 경우	저당권이 없는 경우
7	• 국세·지방세 및 이에 관한 체납처분비, 가산금 등의 징수금(국세기본법 제35조, 지방세법 제31조)	• 임금 그밖에 근로관계로 인한 채권	
8	• 국세 및 지방세의 다음 순위로 징수하는 공과금 중 산업재해보상보험료, 국민연금보험료, 고용보험료, 국민건강보험료 (단, 납부기한과 관련하여 예외규정 있음)	• 조세 다음 순위의 공과금 중 산업재해보상보험법상의 산업재해보험료 그 밖의 징수금, 구 의료보험법에 의한 의료보험료, 구 국민연금법에 의한 연금보험료 및 납부기한이 저당권·전세권의 설정등기보다 후인 구 국민의료보험법상의 의료보험료, 국민건강보험법상의 건강보험료 및 국민연금법상의 연금보험료	• 일반채권(일반채권자의 채권과 재산형·과태료 및 국유재산법상의 사용료·대부료·변상금채권)
9	• 일반채권(일반채권자의 채권과 재산형·과태료 및 국유재산법상의 사용료·대부료·변상금채권)	• 일반채권(일반채권의 채권과 재산형·과태료 및 국유재산법상의 사용료·대부료·변상금채권)	

가. 소액보증금채권의 경우

임차주택(상가건물)의 소액보증금채권은 경매개시결정등기 전에 대항요건(주택의 인도와 주민등록, 상가건물의 인도와 사업자등록신청)을 갖추고 배당요구의 종기까지 배당요구를 한 경우에 인정된다. 주택임대차보호법(상가건물 임대차보호법)상 소액보증금채권에 대한 우선변제의 요건인 주택(상가건물)의 인도와 주민등록(사업자등록신청)의 존속기간의 종기는 배당요구의 종기까지이다. 임차보증금 중 소액보증금으로 최우선 배당을 받고 난 나머지 보증금은 임차인이 확정일자를 받아 우선변제청구를 선택하여 배당요구를 한 경우에는 5순위로, 그렇지 아니한 경우에는 매수인이 이를 인수한다.

▌관련판례

주택의 전대차가 그 당사자 사이뿐 아니라 임대인에 대하여도 주장할 수 있는 적법, 유효한 것이라고 평가되는 경우에는, 전차인이 임차인으로부터 주택을 인도받아 자신의 주민등록을 마치고 있다면 이로써 주택이 임대차의 목적이 되어 있다는 사실은 충분히 공시될 수 있고 또 이러한 경우 다른 공시방법도 있을 수 없으므로, 결국 임차인의 대항요건은 전차인의 직접 점유 및 주민등록으로써 적법, 유효하게 유지, 존속한다(대법원 2007. 11. 29. 선고 2005다64255 판결).

나. 최선순위 임차인 및 전세권자

최선순위 대항력을 가진 임차인이 우선변제권을 가지고 있어 이에 기하여 배당요구를 했으나 보증금 전액을 배당받지 못한 경우에는 이를 반환받을 때까지 매수인에게 대항하여 임대차관계의 존속을 주장할 수 있다. 즉, 대항력을 가진 임차인의 경우 보증금이 전액 변제되지 않은 경우에도 그 임차권이 경매로 소멸되지 않는바, 매수인이 변제되지 아니한 나머지 보증금을 임차인에게 지급해야 매각부동산을 인도받을 수 있다(주임법 제3조의 5). 반면에 최선순위 전세권의 경우는 배당요구를 한 이상 매각에 의하여 전세권이 소멸한다(법 91조 4항). 최선순위 전세권자가 배당요구를 한 이상 비록 그 배당금이 전세금 채권액에 미달하더라도 그 전세권은 존속기간에 상관없이 소멸한다(대법원 2015. 10. 29. 선고 2015다30442 판결). 통상적으로 전세권 등기를 해주는 경우가 많지 않지만, 두 개의 지위를 겸유하는 경우도 있다. 아래의 판례가 이에 해당하는 사례이다.

▌관련판례

1. 주택임대차보호법상 임차인으로서의 지위와 전세권자로서의 지위를 함께 가지고 있는 자가 최선순위 전세권자로서 배당요구를 하여 전세권이 매각으로 소멸되었다 하더라도 변제받지 못한 나머지 보증금에 기하여 주임법상 대항력을 행사할 수 있고, 그 범위 내에서 임차주택의 매수인은 임대인의 지위를 승계한 것으로 보아야 한다(대법원 2010. 7. 26. 자 2010마900 결정).
2. 주택임대차보호법상 임차인으로서의 지위와 전세권자로서의 지위를 함께 가지고 있는 자가 그 중 임차인으로서의 지위에 기하여 경매법원에 배당요구를 하였다면 배당요구를 하지 아니한 전세권에 관하여는 배당요구가 있는 것으로 볼 수 없다(대법원 2010. 6. 24. 선고 2009다40790 판결).

다. 우선변제권을 갖춘 임차인이 소액임차인의 지위를 겸유하는 경우의 배당방법

대항요건과 확정일자를 갖춘 임차인이 주택임대차보호법 8조 1항에 의하여 보증금 중 일정액의 보호를 받는 소액임차인의 지위를 겸하는 경우, 먼저 소액임차인으로서 보호받는 일정액을 우선배당하고 난 후의 나머지 임차보증금채권액에 대해서는 대항요건과 확정일자를 갖춘 임차인으로서의 순위에 따라 배당을 해야 한다.

라. 제3취득자의 비용상환청구권

제3취득자가 민법 제367조에 의하여 우선상환을 받으려면 저당부동산의 경매절차에서 배당요구의 종기까지 배당요구를 하여야 한다(민집법 제268조, 제88조). 참고로, 제3취득자는 민법 제367조에 의한 비용상환청구권을 피담보채권으로 주장하면서 유치권을 행사할 수 없다(대법원 2023. 7. 13. 선고 2022다265093 판결).

마. 집행비용

민사집행법 제53조 제1항은 "강제집행에 필요한 비용은 채무자가 부담하고 그 집행에 의하여 우선적으로 변상을 받는다."라고 정하는바, 강제집행이 그 목적을 달성하여 끝난 경우에는 위 규정에 따라 그 집행에 필요한 비용은 채무자가 부담한다. 반면 강제집행이 신청의 취하 또는 집행처분의 취소 등으로 인하여 그 목적을 달성하지 못하고 끝난 경우 그때까지의 절차와 그 준비에 든 비용이 민사집행법 제53조 제1항에서 정한 집행비용에 해당한다고 볼 수는 없다(대법원 2023. 9. 1. 자 2022마5860 결정).

집행비용에 관한 민사집행법 제53조 제1항은 담보권 실행을 위한 경매절차에도 준용된다(민사집행법 제275조). 부동산을 목적으로 하는 담보권 실행을 위한 경매절차에서 경매신청 전 부동산의 소유자가 사망하였으나 상속인이 상속등기를 마치지 않아, 경매신청인이 경매절차의 진행을 위해 상속인을 대위하여 상속등기를 마친 경우, 이를 위하여 지출한 비용이 집행비용에 해당한다(대법원 2021. 10. 14. 선고 2016다201197 판결).

4. 배당방법

가. 물권 상호간

저당권, 전세권, 가등기담보권 등 물권들 사이에는 등기 선후에 따른다.

나. 가압류채권자 사이

채권자평등의 원칙이 적용되어, 같은 순위자 사이의 배당은 자신의 채권액의 비율에 따라 평등배당(안분배당)을 하게 된다.

다. 물권과 가압류채권 사이

(1) 법리

저당권 등의 물권과 가압류채권 등 채권 사이에는 물권이 우선한다(물권우선주의). 다만 예외적으로 가압류가 최선순위인 경우에는 그 선순위 가압류와 후순위 저당권 등 물권은 같은 순위로 취급하여 안분배당한다.

(2) 구체적 사례

가) 배당금액이 1억 원이고, 등기순위에 따라 甲 근저당권 6천만 원, 乙 가압류채권액 4천만 원, 丙 근저당권 4천만 원인 경우를 살펴보자. 甲이 물권우선주의에 따라 6천만 원을 배당받아가고, 나머지 4천만 원은 안분 배당하여 乙과 丙이 2천만 원을 배당받게 된다.

나) 배당금액이 1억 원이고, 등기순위에 따라 甲 가압류채권액 6천만 원, 乙 근저당권 6천만 원, 丙 근저당권 8천만 원인 경우를 살펴보자. 甲과 乙은 같은 순위이지만 乙과 丙은 우열관계가 존재한다. 먼저 안분배당하여 甲 3천만 원, 乙 3천만 원, 丙 4천만 원이 되고, 乙은 丙보다 우선하는 지위에 있으므로 乙은 6천만 원, 丙은 잔여액 1천만 원을 받게 된다. 결국 甲은 3천만 원, 乙은 6천만 원, 丙은 1천만 원을 배당받는다.

다) 배당금액이 1억 원이고, 등기순위에 따라 甲 가압류채권액 6천만 원, 乙 근저당권 7천만 원, 丙 가압류채권액 7천만 원인 경우를 살펴보자. 甲과 乙은 같은 순위이지만 乙과 丙은 우열관계가 존재한다. 甲과 丙은 같은 지위에 있다. 먼저 안분배당하여 甲 3천만 원, 乙 3천 5백만 원, 丙 3천

5백만 원이 되고, 乙은 丙보다 우선하는 지위에 있으므로 乙은 7천만 원, 丙은 잔여액 0 원을 받게 된다. 결국 甲은 3천만 원, 乙은 7천만 원, 丙은 0원을 배당받는다.

5. 배당이의의 소

가. 의의 및 성질

배당이의의 소는 배당표에 배당을 받는 것으로 기재된 자의 배당액을 줄여 자신에게 배당이 되도록 하기 위하여 배당표의 변경 또는 새로운 배당표의 작성을 구하는 것이다. 배당이의의 소의 성질은 배당에 이의가 있는 사람이 실체상 권리의 존재를 전제로 하여 배당표의 취소·변경 또는 새로운 배당표의 형성을 구하는 소송법상 형성소송이다.

▌ 관련판례

1. 소멸주의에 따른 경매절차에서는 우선채권자나 일반채권자의 배당요구와 배당을 인정하므로 그 절차에서 작성된 배당표에 대하여 배당이의의 소를 제기하는 것이 허용되지만, 인수주의에 따른 경매절차에서는 배당요구와 배당이 인정되지 아니하고 배당이의의 소도 허용되지 아니한다(대법원 2014. 1. 23. 선고 2011다83691 판결).
2. 집행력 있는 집행권원의 정본을 가지지 아니한 채권자에 대하여 이의한 채무자는 배당이의의 소를 제기하여야 하고, 집행력 있는 집행권원의 정본을 가진 채권자에 대하여 이의한 채무자는 청구이의의 소를 제기하여야 한다(대법원 2005. 4. 14. 선고 2004다72464 판결).
3. 집행력 있는 판결 정본을 가진 채권자에 대한 배당에 관하여 이의한 채무자는 배당이의의 소가 아닌 청구이의의 소를 제기하여야 하지만, 집행력 있는 판결 정본을 가진 채권자가 우선변제권을 주장하며 담보권에 기하여 배당요구를 한 경우에는 배당의 기초가 되는 것은 담보권이지 집행력 있는 판결 정본이 아니므로, 채무자가 담보권에 대한 배당에 관하여 우선변제권이 미치는 피담보채권의 존부 및 범위 등을 다투고자 하는 때에는 배당이의의 소로 다투면 되고, 집행력 있는 판결 정본의 집행력을 배제하기 위하여 필요한 청구이의의 소를 제기할 필요는 없다(대법원 2011. 7. 28. 선고 2010다70018 판결).

4. 채권자가 여러 명의 다른 채권자를 상대로 배당이의의 소를 제기하고 피고 중 일부에 대하여 승소판결이 확정되었으나 그 판결이 민사집행법 제157조 후문에 따라 배당법원으로 하여금 배당표를 다시 만들도록 했을 뿐 채권자인 원고의 구체적 배당액을 정하지 않은 경우, 나머지 채권자를 상대로 한 소가 여전히 권리보호의 이익이 인정된다(대법원 2022. 11. 30. 선고 2021다287171 판결).

나. 당사자 적격

(1) 원고적격

배당이의의 소에서 원고적격이 있는 사람은 적법하게 배당이의를 한 채무자 또는 채권자이다.

채무자는 배당기일에 출석하지 않고도 서면에 의한 이의가 허용되므로(법 151조 2항), 배당기일에 출석하여 배당이의를 하든지, 그렇지 않은 경우라도 서면에 의한 이의를 한 이상 원고적격이 인정된다. 그리고 채무자는 집행력 있는 정본이 없는 채권자(가압류채권자를 제외)에 대하여만 배당이의의 소의 원고가 될 수 있고(법 154조 1항), 채무자가 집행력 있는 정본을 가진 채권자에 대하여 이의를 한 경우에는 본소를 제기할 수 없고, 청구이의의 소(법 44조)를 제기하여야 한다(법 154조 2항).

반면에, 채권자는 반드시 배당기일에 출석하여 배당이의를 해야만 원고적격이 인정된다. 적법하게 배당요구를 하지 못한 채권자는 배당기일에 출석하여 배당표에 대한 이의를 신청했다고 하더라도 이는 부적법한 이의신청에 불과하고 그 사람에게는 배당이의의 소를 제기할 원고적격이 없다. 그리고 채무자와 달리, 채권자가 다른 채권자에 대한 배당에 대하여 이의를 한 경우에는 그 다른 채권자가 집행력 있는 집행권원의 정본을 가지고 있는지 여부에 상관없이 배당이의의 소를 제기하여야 하고, 채권자가 배당이의를 하면서 배당이의 사유로 채무자를 대위하여 집행권원의 정본을 가진 다른 채권자의 채권의 소멸시효가 완성되었다는 등의 주장을 한 경우에도 배당이의의 소를 제기하여야 한다(대법원 2023. 8. 18. 선고 2023다234102 판결).

▍ 관련판례

　배당이의 소의 원고적격이 있는 자는 배당기일에 출석하여 배당표에 대한 실체상의 이의를 신청한 채권자 또는 채무자에 한하고, 제3자 소유의 물건이 채무자의 소유로 오인되어 강제집행목적물로서 경락된 경우에도 그 제3자는 경매절차의 이해관계인에 해당하지 아니하므로 배당기일에 출석하여 배당표에 대한 실체상의 이의를 신청할 권한이 없으며, 따라서 제3자가 배당기일에 출석하여 배당표에 대한 이의를 신청하였다고 하더라도 이는 부적법한 이의신청에 불과하고, 그 제3자에게 배당이의 소를 제기할 원고적격이 없다(대법원 2002. 9. 4. 선고 2001다63155 판결).

(2) 피고적격

　배당이의의 소에서 피고적격이 있는 사람은 배당이의의 상대방으로서 이에 동의하지 아니한 채권자이다. 즉, 배당이의에 의하여 자기의 배당액이 줄어들게 되는 상대방 채권자이다.

(3) 이의사유

　실체상의 사유에 한하며 절차상의 사유는 포함하지 않는다. 배당이의의 소에서 원고는 배당기일 후 사실심 변론종결일까지 발생한 사유도 이의사유로 주장할 수 있다. 채권자가 받은 가집행선고 있는 제1심판결이 항소심에서 전부 취소되어 그대로 확정되었다면 채권자는 배당받을 지위를 상실하므로, 위와 같은 제1심판결의 취소는 배당이의의 소에서 배당이의 사유가 될 수 있다(대법원 2020. 10. 15. 선고 2017다228441 판결).

▍ 관련판례

　갑 소유의 부동산에 관하여 을 등 명의의 가압류 등기와 병 명의의 근저당권 설정등기가 순차적으로 마쳐진 후 병의 근저당권에 관하여 계약양도를 원인으로 근저당권자를 정으로 하는 근저당권 이전등기가 마쳐졌고, 그 후 정의 경매신청에 따른 선행 임의경매개시결정과 을 등의 경매신청에 따른 후행 강제경매개시결정이 내려져 선행 경매절차에서 을 등과 정만 배당을 받았는데, 을 등이 정을 상대로 근저당권 등 양도행위가 통정허위표시로서 무효라며 배당이의의 소를 제기하자, 정이 근저당권 등 양도의 유·무효는 병의 채권자들만 이해관계가 있고 을 등은 이해관계가 없어 무효를 주장할 지위에 있지 않다고 주장한 사안에서, 을 등은 근저당권 등 양도행위의 무효를 주장하여 그에 기한 채권의 존부, 범위, 순위에 관한 배당이의의 소를 제기할 수 있다(대법원 2016. 7. 29. 선고 2016다13710 판결).

(4) 재판절차

배당이의의 소는 배당을 실시한 집행법원이 속한 지방법원의 전속관할이다(법 156조 1항 본문, 21조). 이의한 사람(원고)이 배당이의의 소의 첫 변론기일에 출석하지 않은 때에는 소를 취하한 것으로 본다(법 158조). 여기서 말하는 '첫 변론기일'에 '첫 변론준비기일'은 포함되지 않는다. 따라서, 배당이의의 소에서 첫 변론준비기일에 출석한 원고라고 하더라도 첫 변론기일에 불출석하면 법 158조에 따라서 소를 취하한 것으로 볼 수밖에 없다.

> **┃ 관련판례**
>
> 1. 배당이의 소송에 있어서의 배당이의사유에 관한 증명책임도 일반 민사소송에서의 증명책임 분배의 원칙에 따라야 하므로, 원고가 피고의 채권이 성립하지 아니하였음을 주장하는 경우에는 피고에게 채권의 발생원인사실을 증명할 책임이 있고, 원고가 그 채권이 통정허위표시로서 무효라거나 변제에 의하여 소멸되었음을 주장하는 경우에는 원고에게 그 장애 또는 소멸사유에 해당하는 사실을 증명할 책임이 있다(대법원 2020. 8. 20. 선고 2020다38952 판결).
> 2. 채무자나 소유자가 배당이의의 소를 제기한 경우의 소송목적물은 피고로 된 채권자가 경매절차에서 배당받을 권리의 존부·범위·순위에 한정되는 것이지, 원고인 채무자나 소유자가 경매절차에서 배당받을 권리까지 포함하는 것은 아니므로, 제3자가 채무자나 소유자로부터 위와 같이 배당받을 권리를 양수하였더라도 배당이의 소송이 계속되어 있는 동안에 소송목적인 권리 또는 의무의 전부 또는 일부를 승계한 경우에 해당된다고 볼 수는 없다(대법원 2023. 2. 23. 선고 2022다285288 판결).
> 3. 배당이의의 소는 배당표에 배당받는 것으로 기재된 자의 배당액을 줄여 자신에게 배당되도록 하기 위하여 배당표의 변경 또는 새로운 배당표의 작성을 구하는 것이므로, 원고가 배당이의의 소에서 승소하기 위해서는 피고의 채권이 존재하지 아니함을 주장·증명하는 것만으로 충분하지 않고 자신이 피고에게 배당된 금원을 배당받을 권리가 있다는 점까지 주장·증명하여야 하며, <u>피고는 배당기일에서 원고에 대하여 이의를 하지 아니하였다 하더라도 원고의 청구를 배척할 수 있는 사유로서 원고의 채권 자체의 존재를 부인할 수 있다</u>(대법원 2023. 11. 9. 선고 2023다256577 판결).

(5) 판결의 효력

원고가 채권자인 배당이의의 소의 판결의 효력은 해당 소송의 당사자에게만 미친다(판결의 상대효). 즉, 판결 확정 후 해당 소송의 채권자들에 대해서만 배당표를 변경하여 재배당을 실시해야 한다.

원고가 채무자인 배당이의의 소의 판결의 효력은 다른 모든 채권자에게도 미친다(판결의 절대효). 판결확정 후 종전 배당표의 채권자에 대한 배당액 중 그에게 지급하지 못하게 된 금액을 다시 각 채권자의 채권순위 및 채권액에 비례하는 내용으로 배당표를 변경하여 추가배당을 실시한다.

6. 부당이득반환청구

가. 의의

확정된 배당표에 의하여 배당을 실시하는 것은 실체법상의 권리를 확정하는 것이 아니므로, 적법한 배당요구를 하여 배당을 받아야 할 채권자가 배당을 받지 못하고 배당을 받지 못할 사람이 배당을 받은 경우에는 배당을 받지 못한 채권자로서는 배당을 받지 못할 사람이면서도 배당을 받았던 사람을 상대로 부당이득반환청구권을 갖는다.

▎관련판례

1. 배당요구를 하여야만 배당절차에 참여할 수 있는 채권자가 경락기일까지 배당요구를 하지 아니한 채권액에 대하여 경락기일 이후에 추가 또는 확장하여 배당요구를 하였으나 그 부분을 배당에서 배제하는 것으로 배당표가 작성·확정되고 그 확정된 배당표에 따라 배당이 실시되었다면, 그가 적법한 배당요구를 한 경우에 배당받을 수 있었던 금액 상당의 금원이 후순위 채권자에게 배당되었다고 하여 이를 법률상 원인이 없는 것이라고 할 수 없다(대법원 2005. 8. 25. 선고 2005다14595 판결).

2. 부당이득의 반환은 법률상 원인 없이 취득한 이익을 반환하여 원상으로 회복하는 것을 말하므로, 배당절차에서 작성된 배당표가 잘못되어 배당을 받아야 할 채권자가 배당을 받지 못하고 배당을 받을 수 없는 사람이 배당받는 것으로 되어 있을 경우, 배당금이 실제 지급되었다면 배당금 상당의 금전지급을 구하는 부당이득반환청구를 할 수 있지만 아직 배당금이 지급되지 아니한 때에는 배당

금지급청구권의 양도에 의한 부당이득의 반환을 구하여야지 그 채권 가액에 해당하는 금전의 지급을 구할 수는 없고, 그 경우 집행의 보전은 가압류에 의할 것이 아니라 배당금지급금지가처분의 방법으로 하여야 한다(대법원 2013. 4. 26. 자 2009마1932 결정).

나. 채권자가 배당이의를 하지 않은 경우, 부당이득반환청구권 인정 여부

배당받을 권리 있는 채권자가 자신이 배당받을 몫을 받지 못하고 그로 말미암아 권리 없는 다른 채권자가 그 몫을 배당받은 경우에는 배당이의 여부 또는 배당표의 확정 여부와 관계없이 배당받을 수 있었던 채권자가 배당금을 수령한 다른 채권자를 상대로 부당이득반환청구를 할 수 있다(대법원 2019. 7. 18. 선고 2014다206983 전원합의체 판결). 왜냐하면, 확정된 배당표에 따라 배당이 실시되었다는 사정만으로 배당금을 수령한 다른 채권자가 그 이득을 보유할 정당한 권원, 즉 민법 제741조가 규정한 '법률상 원인'이 있다고 할 수 없기 때문이다.

예컨대, 질권설정자의 채무자에 대한 근저당권부채권 범위를 초과하여 질권자의 질권설정자에 대한 피담보채권 범위 내에서 질권자에게 배당금이 직접 지급됨으로써 질권자가 피담보채권의 만족을 얻은 경우, 실체법적으로 볼 때 배당을 통하여 법률상 원인 없이 이득을 얻은 사람은 피담보채권이라는 법률상 원인에 기하여 배당금을 수령한 질권자가 아니라 근저당권부채권이라는 법률상 원인의 범위를 초과하여 질권자에게 배당금이 지급되게 함으로써 자신의 질권자에 대한 피담보채무가 소멸하는 이익을 얻은 질권설정자이다(대법원 2024. 4. 12. 선고 2023다315155 판결).

다만, 집행력 있는 정본을 가진 채권자 등은 배당요구의 종기까지 배당요구를 한 경우에 한하여 비로소 배당을 받을 수 있고, 적법한 배당요구를 하지 않은 경우에는 매각대금으로부터 배당을 받을 수는 없다. 이러한 채권자가 적법한 배당요구를 하지 않아 배당에서 제외되는 것으로 배당표가 작성되어 배당이 실시되었다면, 그가 적법한 배당요구를 한 경우에 배당받을 수 있었던 금액에 해당하는 돈이 다른 채권자에게 배당되었다고 해서 법률상 원인이 없는 것이라고 할 수 없다(대법원 2020. 10. 15. 선고 2017다216523 판결).

다. 배당이의의 소의 판결 결과와 부당이득반환청구권 인정 여부

(1) 배당이의의 소 당사자 사이의 관계

배당이의의 소에서 패소의 본안판결을 받은 당사자가 그 판결이 확정된 후 상대방에 대하여 위 본안판결에 의하여 확정된 배당액이 부당이득이라는 이유로 그 반환을 구하는 소송을 제기한 경우에는, 전소인 배당이의의 소의 본안판결에서 판단된 배당수령권의 존부가 부당이득반환청구권의 성립 여부를 판단하는 데에 있어서 선결문제가 된다고 할 것이므로, 당사자는 그 배당수령권의 존부에 관하여 위 배당이의의 소의 본안판결의 판단과 다른 주장을 할 수 없고, 법원도 이와 다른 판단을 할 수 없다(대법원 2000. 1. 21. 선고 99다3501 판결).

(2) 배당이의의 소 당사자 이외의 관계

어느 채권자가 배당이의의 소의 승소판결에 기하여 경정된 배당표에 따라 배당을 받은 경우에도, 그 배당이 배당이의의 소에서 패소확정판결을 받은 사람이 아닌 다른 배당요구채권자(적법하게 배당요구를 했으나 배당이의의 소에 참여하지 못한 다른 채권자)가 배당받을 몫까지도 배당받은 결과로 된다면 그 다른 배당요구채권자는 배당이의의 소의 승소판결에 따라 배당받은 채권자를 상대로 부당이득반환청구를 할 수 있다(대법원 2011. 2. 10. 선고 2010다90708 판결).

왜냐하면, 배당이의의 소에서 패소 확정되거나, 배당이의의 소에서 승소하여 돈을 반환 받아도 소송법적으로 모순되는 판단을 받지 않는다는 효과만 있을 뿐, 승소한 당사자에게 실체법적으로 어떠한 권리도 부여하지 않기 때문이다.

제3절 선박 등에 대한 강제집행(준부동산집행)

선박에 대한 강제집행절차에 대하여 법 172조 이하에서 규정하고 있다. 선박·항공기 등에 대한 강제집행을 준부동산집행이라고 한다. 부동산집행방식이 아닌 유체동산방식에 따라 이루어진 집행은 적법하지 않다. 예컨대, 甲 주식회사가 총톤수 144t의 부선인 선박을 매수하여 소유권이전등기를 한 후 하천법 제33조 제1항에 따른 하천점용허가를 받아 위 선박에서 수상레저사업을 하였고, 乙이 유체동산 강제경매절차에서 위 선박을 매수하여 인도받았으나 소유권이전등기를

하지 않은 상태에서 丙 주식회사가 乙로부터 위 선박을 매수하여 인도받은 후 甲 회사로부터 수상레저사업과 허가권 일체를 양수하여 위 선박에서 수상레저 사업을 하고 있었는데, 그 후 甲 회사가 丁에게 위 선박에 관하여 근저당권설정 등기를 해 주었고, 근저당권자인 丁의 신청에 따라 위 선박에 관하여 임의경매 절차가 개시되자 丙 회사가 선박의 소유자라는 이유로 임의경매의 불허를 구한 사안에서, 丙 회사가 선박 위에 10cm 두께의 콘크리트를 타설하여 수상레저사업에 사용하기 위한 난간대, 사무실, 탈의실과 몽고천막 4동 등 구조물을 설치한 점 등에 비추어 위 선박은 선박법 제26조 제4호 단서에서 정한 부유식 수상구조물에 해당하므로, 그 강제집행은 부동산 강제경매에 관한 규정에 따라야 하고, 따라서 乙이 유체동산 강제경매절차에서 위 선박을 매수한 것은 민사집행법 제172조에 반하여 무효이고, 乙로부터 위 선박을 매수한 丙 회사는 적법하게 소유권을 취득하지 못한다(대법원 2020. 9. 3. 선고 2018다273608 판결).

제4절 동산집행

제1관 유체동산에 대한 강제집행

I. 의의

유체동산의 범위는 민법상 동산과 일치한다. 유체동산의 압류는 법원으로부터 별도의 압류명령 없이 집행권원을 가진 채권자의 위임으로 집행한다. 유체동산에 대한 강제집행은 채무자의 생활영역 내에 있는 동산을 압류함으로써 채무자로 하여금 채무이행을 하도록 하는 심리적 강제 효과가 강력하다.

II. 압류

1. 유체동산집행의 신청과 집행관의 권한

유체동산에 대한 강제집행은 집행관에게 위임한다(집행신청). 집행관이 집행대상을 선택하고, 이 과정에서 채권자의 이익을 해치지 않는 범위 안에서 채무자의 이익을 고려한다.

2. 압류의 방법

유체동산에 대한 강제집행은 압류에 의하여 개시된다. 압류의 대상은 원칙적으로 채무자가 점유하고 있는 유체동산이다. 간접점유는 해당되지 않는다. 만약, 제3자가 점유하는 경우에는 어떻게 집행할 수 있을까. 제3자가 물건의 제출을 거부하지 않는 때에 한하여 법 189조를 준용하여 압류할 수 있고, 제3자가 제출을 거부하면 채무자가 제3자에 대하여 가지는 목적물의 인도청구권 또는 반환청구권에 대한 채권집행의 방법으로 실시한다(법 242조·243조).

3. 압류의 효력

압류의 효력은 개별상대효이다. 따라서 채무자가 압류물에 관하여 처분행위(담보권설정, 소유권양도 등)를 하더라도 압류채권자에 대해서만 대항할 수 없다. 압류는 집행채권에 대한 소멸시효 중단의 효력이 있다(민 168조 2호). 그 시효중단의 효과는 집행신청시에 발생한다.

> ▌ 관련판례
>
> 유체동산에 대한 가압류결정을 집행한 경우 가압류에 의한 시효중단 효력은 가압류 집행보전의 효력이 존속하는 동안 계속된다. 그러나 유체동산에 대한 가압류 집행절차에 착수하지 않은 경우에는 시효중단 효력이 없고, 집행절차를 개시하였으나 가압류할 동산이 없기 때문에 집행불능이 된 경우에는 집행절차가 종료된 때로부터 시효가 새로이 진행된다(대법원 2011. 5. 13. 선고 2011다10044 판결).

III. 현금화

1. 배당요구

유체동산집행에서 배당요구를 할 수 있는 채권자는 민법·상법, 그 밖의 법률에 따라 우선변제청구권이 인정된 사람에 한한다. 집행력 있는 정본을 가진 채권자라 하여 배당요구를 할 수 없다. 따라서 집행력 있는 정본을 가진 채권자의 경우는 이중압류·추가압류의 절차에 의해야 한다. 다만, 동산양도담보권자의 경우에는 제3자이의의 소나 이중압류 또는 배당요구 없이도 당연한 배당요구권자로 분류되어 집행 절차에 나아갈 수 있다.

▌ 관련판례

1. 동산에 관하여 양도담보계약이 이루어지고 원고가 점유개정의 방법으로 인도를 받았다면 그 청산절차를 마치기 전이라 하더라도 담보목적물에 대한 사용수익권은 없지만 제3자에 대한 관계에 있어서는 그 물건의 소유자임을 주장하고 그 권리를 행사할 수 있다. 따라서 이 사건 강제집행의 목적물에 관한 양도담보권자인 원고는 강제집행을 한 피고에 대하여 그 소유권을 주장하여 제3자이의의 소를 제기함으로써 그 강제집행의 배제를 구할 수 있다(대법원 1994. 8. 26. 선고 93다44739 판결).

2. 집행증서를 소지한 동산양도담보권자는 특별한 사정이 없는 한 양도담보권자인 지위에 기초하여 제3자이의의 소에 의하여 목적물건에 대한 양도담보권설정자의 일반채권자가 한 강제집행의 배제를 구할 수 있으나, 그와 같은 방법에 의하지 아니하고 집행증서에 의한 담보목적물에 대한 이중 압류의 방법으로 배당절차에 참가하여 선행한 동산압류에 의하여 압류가 경합된 양도담보권설정자의 일반채권자에 우선하여 배당을 받을 수도 있다(대법원 2004. 12. 24. 선고 2004다45943 판결).

3. 동산담보권이 설정된 유체동산에 대하여 다른 채권자의 신청에 의한 강제집행절차가 진행되는 경우 민사집행법 제148조 제4호를 유추적용하여 집행관의 압류 전에 등기된 동산담보권을 가진 채권자는 배당요구를 하지 않아도 당연히 배당에 참가할 수 있다(대법원 2022. 3. 31. 선고 2017다263901 판결).

IV. 배당절차

집행관은 채권자가 한 사람인 경우 또는 채권자가 두 사람 이상으로서 매각대금 또는 압류 금전으로 각 채권자의 채권과 집행비용의 전부를 변제할 수 있는 경우에는 채권자에게 채권액을 교부하고, 나머지가 있으면 채무자에게 교부해야 한다(규칙 155조 1항).

▌ 관련판례

1. 채무자 이외의 자의 소유에 속하는 동산에 대한 경매절차에서 그 동산의 매득금은 채무자의 것이 아니어서 채권자가 이를 배당을 받았다고 하더라도 채권은 소멸하지 않고 계속 존속하므로, 배당을 받은 채권자는 이로 인하여 법률상 원인 없는 이득을 얻고 소유자는 경매에 의하여 소유권을 상실하는 손해를 입게

되었다고 할 것이니, 그 동산의 소유자는 배당을 받은 채권자에 대하여 부당이득으로서 배당받은 금원의 반환을 청구할 수 있다(대법원 2003. 7. 25. 선고 2002다39616 판결).
2. 채무자 이외의 자의 소유에 속하는 동산을 경매하여 그 매득금을 배당받은 채권자가 그 동산을 경락받아 선의취득자의 지위를 겸하고 있는 경우, 배당받은 채권자가 법률상 원인 없이 이득을 한 것은 배당액이지 선의취득한 동산이 아니므로, 동산의 전 소유자가 임의로 그 동산을 반환받아 가지 아니하는 이상 동산 자체를 반환받아 갈 것을 요구할 수는 없고 단지 배당금을 부당이득으로 반환할 수밖에 없다(대법원 1998. 6. 12. 선고 98다6800 판결).

제2관 채권집행

채권집행은 동산집행의 일부로서 채권 및 그 밖의 재산권에 대한 강제집행을 말한다. 채권에 대한 강제집행은 금전채권에 대한 집행, 유가증권·그 밖의 유체물의 권리이전·인도청구권에 대한 집행을 포함한다. 그 밖의 재산권에 대한 강제집행이란 부동산·유체동산, 채권 이외의 재산권에 대한 집행을 말한다. 채권집행은 일반적으로 사법보좌관의 업무이다.

제1목 금전채권에 대한 강제집행

Ⅰ. 압류

1. 압류명령의 신청

가. 신청방식

압류명령의 신청은 통상적으로 현금화를 위한 추심명령 또는 전부명령의 신청과 함께한다. 선행가압류가 이미 이루어진 경우 본압류로의 이전명령신청과 같이한다.

> **관련판례**
>
> 가압류한 지명채권에 대하여 가압류에서 본압류로 전이하는 내용의 주문이 누락된 채 압류 및 추심명령이 발령되었더라도, 가압류 및 압류·추심의 당사자 사이에 서로 동일성이 인정되고, 가압류의 피보전채권과 압류·추심의 집행채권 사이 및 가압류 대상 채권과 압류·추심 대상 채권 사이에 서로 동일성이 인정되는 경우에는, 해당 가압류는 특별한 사정이 없는 한 당연히 본압류로 이전되는 효력이 생긴다. 따라서, 가압류가 본압류로 이행되어 강제집행이 이루어진 경우에는 가압류집행은 본집행에 포섭됨으로써 당초부터 본집행이 있었던 것과 같은 효력이 있게 된다(대법원 2010. 10. 14. 선고 2010다48455 판결).

나. 압류채권의 특정

판결결과에 따라 제3채무자가 채무자에게 지급해야 하는 금액을 피압류채권으로 표시한 경우, 해당 소송의 소송물인 실체법상의 채권이 채권압류 및 추심명령의 대상이 되므로 결국 채권자가 받은 채권압류 및 추심명령의 효력은 거기에서 지시하는 소송의 소송물인 청구원인 채권에 미친다(대법원 2018. 6. 28. 선고 2016다203056 판결).

다. 압류적격채권

추심명령에 의한 추심권능은 그 자체로서 독립적으로 처분하여 현금화할 수 있는 것이 아니므로 추심명령에 따른 추심금청구소송의 승소확정판결에 기하여 지급받을 채권은 압류적격이 없다(대법원 2019. 12. 12. 선고 2019다256471 판결). 또한, 대위채권자의 채무자에 대한 추심권능(제3채무자로 하여금 직접 대위채권자 자신에게 지급하도록 청구할 수 있는 권능) 및 변제수령권(제3채무자로부터 변제를 수령할 수 있는 권능) 역시 마찬가지로 그 자체로서 독립적으로 처분하여 현금화할 수 있는 것이 아니므로 채권자대위소송의 확정판결에 기하여 지급받을 채권은 압류적격이 없다(대법원 2016. 8. 29. 선고 2015다236547 판결). 이러한 압류적격이 없는 채권에 대한 압류명령은 무효가 된다.

다만, 채권자가 채무자의 제3채무자에 대한 채권을 압류하는 경우 제3채무자가 채권자 자신이라고 하더라도 이를 압류하는 것이 금지되지 않으므로, 단지 채권자와 제3채무자가 같다고 하여 채권압류 및 전부명령이 위법하다고 볼 수 없다(대법원 2017. 8. 21. 자 2017마499 결정).

▎ 관련판례

　가압류명령의 송달 이후에 채무자의 계좌에 입금될 예금채권도 그 발생의 기초가 되는 법률관계가 존재하여 현재 그 권리의 특정이 가능하고 가까운 장래에 예금채권이 발생할 것이 상당한 정도로 기대된다고 볼 만한 예금계좌가 개설되어 있는 경우 등에는 가압류의 대상이 될 수 있다. 그러나 장래의 예금채권에 대한 가압류결정 정본이 제3채무자에게 송달되었을 때에 채무자의 제3채무자에 대한 예금계좌가 개설되어 있지 않는 등 피압류채권 발생의 기초가 되는 법률관계가 없는 경우에는, 그러한 채권가압류는 피압류채권이 존재하지 않으므로 가압류로서 집행보전의 효력이 없다. 채권자가 채무자의 제3채무자에 대한 채권을 가압류할 당시 그 피압류채권이 부존재하는 경우에도 집행채권에 대한 권리 행사로 볼 수 있어 특별한 사정이 없는 한 가압류집행으로써 그 집행채권의 소멸시효는 중단된다. 다만 가압류결정 정본이 제3채무자에게 송달될 당시 피압류채권 발생의 기초가 되는 법률관계가 없어 가압류의 대상이 되는 피압류채권이 존재하지 않는 경우에는 가압류의 집행보전 효력이 없으므로, 특별한 사정이 없는 한 가압류결정의 송달로써 개시된 집행절차는 곧바로 종료되고, 이로써 시효중단사유도 종료되어 집행채권의 소멸시효는 그때부터 새로이 진행한다(대법원 2023. 12. 14. 선고 2022다210093 판결).

2. 압류명령

가. 압류명령신청에 대한 재판

　압류명령은 제3채무자에게 채무자에 대한 지급을 금지시키고, 채무자에게는 채권의 처분과 영수를 금지시킨다(법 227조 1항). 압류명령은 채무자와 제3채무자에게 송달해야 한다(법 227조 2항). 압류할 채권이 부존재하는 경우 압류명령은 무효이다.

나. 압류효력발생시기

　압류명령이 제3채무자에게 송달된 때 압류의 효력이 발생한다(법 227조 3항). 채무자가 압류 또는 가압류의 대상인 채권을 양도하고 확정일자 있는 통지 등에 의한 채권양도의 대항요건을 갖추었다면, 그 후 채무자의 다른 채권자가 그 채권에 대하여 압류하더라도 압류 당시에 피압류채권은 이미 존재하지 않는 것과 같아 압류로서의 효력이 없다. 채권양도가 처음부터 무효라는 등의 사정이 없는 한 그 후 채권양도가 실효되거나 채무자에 대한 재양도 등의 이유로 피압류채권이 채무자에게 복귀되더라도 그러한 사정만으로 무효인 압류가 유효하게 된다고 볼 수 없다(대법원 2010. 10. 28. 선고 2010다57213 판결).

이와 달리, 이들 둘 사이의 선후가 불분명시 또는 동시인 경우 집행채권액과 양수채권액의 비율로 안분하여 배당해야 한다. 즉, 채권양도 통지, 가압류 또는 압류명령 등이 제3채무자에 동시에 송달되어 그들 상호간에 우열이 없는 경우에도 그 채권양수인, 가압류 또는 압류채권자는 모두 제3채무자에 대하여 완전한 대항력을 갖추었다고 할 것이므로, 그 전액에 대하여 채권양수금, 압류전부금 또는 추심금의 이행청구를 하고 적법하게 이를 변제받을 수 있고, 제3채무자로서는 이들 중 누구에게라도 그 채무 전액을 변제하면 다른 채권자에 대한 관계에서도 유효하게 면책되는 것이며, 만약 양수채권액과 가압류 또는 압류된 채권액의 합계액이 제3채무자에 대한 채권액을 초과할 때에는 그들 상호간에는 법률상의 지위가 대등하므로 공평의 원칙상 각 채권액에 안분하여 이를 내부적으로 다시 정산할 의무가 있다(대법원 1994. 4. 26. 선고 93다24223 전원합의체 판결).

그리고, 동일한 채권에 관하여 확정일자 있는 채권양도통지와 두 개 이상의 채권압류 및 전부명령 정본이 동시에 송달된 경우 채권의 양도는 채권에 대한 압류명령과는 그 성질이 다르므로 당해 전부명령이 채권의 압류가 경합된 상태에서 발령된 것으로서 무효인지의 여부를 판단함에 있어 압류액에 채권양도의 대상이 된 금액을 합산하여 피압류채권액과 비교하거나 피압류채권액에서 채권양도의 대상이 된 금액 부분을 공제하고 나머지 부분만을 압류액의 합계와 비교할 것은 아니다(대법원 2002. 7. 26. 선고 2001다68839 판결).

3. 압류의 효력

가. 채무자에 대한 효력

채무자의 제3채무자에 대한 채권에 압류가 행해지면, 그 효력으로 인하여 채무자가 압류된 채권을 처분하더라도 채권자에게 대항할 수 없다. 다만, 채무자가 제3채무자에 대하여 압류된 채권에 관하여 이행의 소를 제기할 수는 있다. 왜냐하면, 채무자로서는 채무자에 대한 채권이 압류되어 있더라도 그 채권에 관하여 집행권원을 취득할 필요가 있거나 시효를 중단할 필요가 있기 때문이다.

압류명령에는 압류된 채권의 발생원인인 기본적 계약관계에 대한 채무자나 제3채무자의 처분까지도 구속하는 효력은 없어서, 채무자나 제3채무자는 기본적 계약관계 자체를 해제·해지할 수 있고, 채무자와 제3채무자 사이의 기본적 계약관계가 해제·해지된 이상 그 계약에 의하여 발생한 채권은 소멸하므로 이를 대상으로 한 압류명령 또한 실효될 수밖에 없다. 다만, 채무자와 제3채무자가 아무런 합리적 이유 없이 채권의 소멸만을 목적으로 계약관계를 합의 해제(해지)하는 경우는 채권자에게 대항할 수 없다.

▌관련판례

채무자가 채권자대위권행사의 통지를 받은 후에 채무를 불이행함으로써 통지 전에 체결된 약정에 따라 매매계약이 자동적으로 해제되거나, 채권자대위권행사의 통지를 받은 후에 채무자의 채무불이행을 이유로 제3채무자가 매매계약을 해제한 경우 제3채무자는 계약해제로써 대위권을 행사하는 채권자에게 대항할 수 있다. 다만 형식적으로는 채무자의 채무불이행을 이유로 한 계약해제인 것처럼 보이지만 실질적으로는 채무자와 제3채무자 사이의 합의에 따라 계약을 해제한 것으로 볼 수 있거나, 채무자와 제3채무자가 단지 대위채권자에게 대항할 수 있도록 채무자의 채무불이행을 이유로 하는 계약해제인 것처럼 외관을 갖춘 것이라는 등의 특별한 사정이 있는 경우에는 채무자가 피대위채권을 처분한 것으로 보아 제3채무자는 계약해제로써 대위권을 행사하는 채권자에게 대항할 수 없다(대법원 2012. 5. 17. 선고 2011다87235 전원합의체 판결).

압류의 처분금지효는 절대적인 것이 아니고 채무자의 처분행위 또는 제3채무자의 변제로써 처분 또는 변제 전에 집행절차에 참가한 압류채권자나 배당요구채권자에게 대항하지 못한다는 의미에서의 상대적 효력(개별상대효설)만을 가지는 것이므로, 압류의 효력발생 전에 채무자가 처분했거나 제3채무자가 변제한 경우에는 그보다 먼저 압류한 채권자가 있어 그 채권자에게는 대항할 수 없는 사정이 있더라도, 그 처분 또는 변제에 압류명령을 얻은 채권자에 대해서는 유효한 처분 또는 변제가 된다(대법원 2003. 5. 30. 선고 2001다10748 판결).

그리고 압류 후에 피압류채권이 제3자에게 양도된 경우 채권양도는 압류채무자의 다른 채권자 등에 대한 관계에서는 유효하고, 채권양도행위가 사해행위로 인정되어 취소판결이 확정된 경우에도 취소의 효과는 채권자와 수익자 또는 전득자 사이의 관계에서만 생기는 것이므로, 사해행위 이전에 이미 채권을 압류한 다른 채권자에게는 미치지 아니한다(대법원 2015. 5. 14. 선고 2014다12072 판결).

한편, 채권자가 사해행위의 취소와 함께 수익자 또는 전득자로부터 책임재산의 회복을 명하는 사해행위취소의 판결을 받은 경우 그 취소의 효과는 채권자와 수익자 또는 전득자 사이에만 미치므로, 수익자 또는 전득자가 채권자에 대하여 사해행위의 취소로 인한 원상회복 의무를 부담하게 될 뿐, 채무자와 사이에서 그 취소로 인한 법률관계가 형성되거나 취소의 효력이 소급하여 채무자의 책임재산으로 회복되는 것은 아니다. 따라서 채권압류명령 등 당시 피압류채권이 이미 제3자에 대한 대항요건을 갖추어 양도되어 그 명령이 효력이 없는 것이 되었다면, 그 후의 사해행위취소소송에서 위 채권양도계약이 취소되어 채권이 원채권자에게 복귀하였다고 하더라도 이미 무효로 된 채권압류명령 등이 다시 유효로 되는 것은 아니다(대법원 2022. 12. 1. 선고 2022다247521 판결).

나. 제3채무자에 대한 효력

압류의 효력으로 인하여 제3채무자의 채무자에 대한 지급이 금지된다(법227조 1항). 이는 채권압류의 본질적 효력으로서 제3채무자는 채무자에게 피압류채권에 따른 급부를 제공하더라도 이로써 압류채권자에게 대항할 수 없고, 압류채권자가 추심권을 취득하면 그에게 다시 지급해야 하는 이중변제의 위험을 부담한다. 제3채무자는 채무자에 대한 지급이 아니라도 채무자의 채권을 소멸시키는 효과를 가진 행위, 예컨대 경개·면제 등의 행위를 할 수 없을 뿐만 아니라, 압류 뒤에 취득한 채무자에 대한 (반대)채권으로 상계해도 압류채권자에게 대항할 수 없다(민법 제498조).

그러나, 제3채무자가 압류채무자에 대한 반대채권을 압류 이전부터 가지고 있는 경우, 압류의 효력 발생 당시에 대립하는 양 채권이 상계적상에 있거나, 그 당시 반대채권(자동채권)의 변제기가 도래하지 아니한 경우에는 그것이 피압류채권(수동채권)의 변제기와 동시에 또는 그보다 먼저 도래한 때에 상계로써 압류채권자에게 대항할 수 있다(대법원 2012. 2. 16. 선고 2011다45521 전원합의체 판결).

그리고, 제3채무자가 압류채무자에 대한 반대채권을 압류 이전부터 가지고 있지 않더라도, 제3채무자의 압류채무자에 대한 자동채권이 수동채권인 피압류채권과 동시이행의 관계에 있는 경우에는, 압류명령이 제3채무자에게 송달되어 압류의 효력이 생긴 후에 자동채권이 발생하였다고 하더라도 제3채무자는 동시이행의 항변권을 주장할 수 있고 따라서 그 채권에 의한 상계로 압류채권자에게 대항할 수 있는 것으로서, 이 경우에 자동채권이 발생한 기초가 되는 원인은 수동채권이 압류되기 전에 이미 성립하여 존재하고 있었던 것이므로, 그 자동채권은 민법 제498조 소정의 "지급을 금지하는 명령을 받은 제3채무자가 그 후에 취득한 채권"에 해당하지 않는다(대법원 1993. 9. 28. 선고 92다55794 판결).

다. 채권자에 대한 효력

집행채권에 관한 시효중단의 효력은 압류명령신청시에 발생한다(민 168조 2호). 압류채권자가 피압류채권을 행사하려면 추심명령 또는 전부명령을 받아야 한다. 압류 및 추심, 전부명령은 제3채무자에게 송달되어야 그 효력이 생기고, 피압류채권에는 최고로서의 효력 밖에 발생하지 않으므로 민법 제174조에 따라 후속조치가 있어야 제3채무자에게 송달된 시점에 확정적인 시효중단의 효과가 발생한다. 압류의 효력은 종된 권리(예컨대 이자·지연손해금채권, 또는 담보권부채권의 경우 담보권)에도 미친다. 주채무자에 대한 압류의 효력은 보증인에게도 미친다(보증채무의 수반성).

> **▎관련판례**
>
> 채권자가 채무자의 제3채무자에 대한 채권을 압류 또는 가압류한 경우에 채무자에 대한 채권자의 채권에 관하여 시효중단의 효력이 생긴다고 할 것이나, 채권자가 확정판결에 기한 채권의 실현을 위하여 채무자의 제3채무자에 대한 채권에 관하여 압류 및 추심명령을 받아 그 결정이 제3채무자에게 송달이 되었다면 거기에 소멸시효 중단사유인 최고로서의 효력을 인정하여야 한다(대법원 2003. 5. 13. 선고 2003다16238 판결).

4. 채권자의 경합

가. 의의

공동압류는 여러 채권자가 때를 같이하여 하는 압류로서, 하나의 압류명령을 말한다. 이중압류는 여러 채권자가 때를 달리하여 하는 압류로서, 압류와 압류, 또는 압류와 가압류가 중복되는 경우이다.

나. 이중압류

후행압류명령이 제3채무자에게 송달되기 전에 제3채무자가 공탁절차를 마치고 공탁사유신고를 하여 배당요구의 종기가 도래한 경우 즉, 제3채무자의 공탁으로 피압류채권이 소멸되어 후행압류명령은 효력이 생기지 않는 경우, 위 배당요구의 종기가 도래하기 전에 한 후행압류명령신청에 선행절차에 대한 배당요구의 효력을 인정할 것인지 문제된다. 이에 대하여 판례는 아래와 같이 판시하고 있다.

▌관련판례

제3채무자가 압류나 가압류를 이유로 민사집행법 제248조 제1항이나 민사집행법 제291조, 제248조 제1항에 따라 집행공탁을 하면 그 제3채무자에 대한 피압류채권은 소멸한다. 채권에 대한 압류·가압류명령은 그 명령이 제3채무자에게 송달됨으로써 효력이 생기므로(민사집행법 제227조 제3항, 제291조), 제3채무자의 집행공탁 전에 동일한 피압류채권에 대하여 다른 채권자의 신청에 의하여 압류·가압류명령이 발령되었더라도, 제3채무자의 집행공탁 후에야 그에게 송달되었다면 그 압류·가압류명령은 집행공탁으로 인하여 이미 소멸된 피압류채권에 대한 것이어서 효력이 생기지 아니한다. 다만 다른 채권자의 신청에 의하여 발령된 압류·가압류명령이 제3채무자의 집행공탁 후에야 제3채무자에게 송달되었더라도 공탁사유신고서에 이에 관한 내용까지 기재되는 등으로 집행법원이 배당요구의 종기인 공탁사유신고 시까지 이와 같은 사실을 알 수 있었고, 또한 그 채권자가 법률에 의하여 우선변제청구권이 있거나 집행력 있는 정본을 가진 채권자인 경우라면 배당요구의 효력은 인정된다. 이러한 법리는 다른 채권자의 신청에 의하여 발령된 압류·가압류명령이 제3채무자의 공탁사유신고 이후에 제3채무자에게 송달되었다고 하더라도 마찬가지이다(대법원 2021. 12. 16. 선고 2018다226428 판결).

다. 배당요구

배당요구는 우선변제청구권자 및 집행력 있는 정본을 가진 채권자가 한다(법 247조 1항). 이에 해당하지 않는 채권자는 미리 가압류를 하여 경합가압류채권자로서 배당에 참가해야 하고, 그렇지 않을 경우 별도의 배당요구할 자격이 주어지지 않는다. 채권질권자는 독자적인 추심권이 인정되어 자기 채권의 한도에서 직접 청구할 수 있으므로(민 353조 1항), 배당요구채권자에 포함되지 않는다.

5. 제3채무자의 공탁

가. 의의

채권이 압류(가압류)된 경우 제3채무자는 공탁에 의하여 면책된다. 이를 면책공탁 내지 집행공탁이라고 한다. 집행공탁은 채무자의 제3채무자에 대한 금전채권의 전부 또는 일부가 압류나 가압류된 경우에 허용되므로, 집행공탁에 따른 면책의 효과 역시 압류나 가압류의 대상에 포함된 채권에 대해서만 발생한다. 참고로, 변제공탁은 민법 제487조에 근거하여 채권자가 변제를 받지 아니하거나 받을 수 없는 때에는 변제자는 채권자를 위하여 변제의 목적물을 공탁하여 그 채무를 면할 수 있는 방법을 말한다.

나. 혼합공탁

공탁에는 변제공탁과 집행공탁이 있고, 이 둘이 결합된 공탁이 혼합공탁이다. 가령, 채권자가 甲인지 乙인지 알 수 없고, 甲 또는 乙의 채권자들이 그 채권을 압류한 경우 제3채무자로서는 그 채무를 누구에게 변제해야 하는지 알 수 없고, 채권자가 甲으로 확정되더라도 그를 집행채무자로 한 배당이 이루어져야 되는 경우가 발생할 수 있다. 이 경우 민법 제487조 후단의 채권자 불확지를 원인으로 한 변제공탁과 압류경합을 이유로 하는 집행공탁을 동시에 하여야 할 필요가 있는데 이러한 경우에 실시하는 공탁이 바로 혼합공탁이다.

다. 권리공탁

금전채권에 대하여 압류(가압류)가 있는 경우, 제3채무자는 압류채권자가 경합된 경우뿐만 아니라 경합되지 않은 경우에도 공탁할 수 있다(법 248조 1항). 이는 어디까지나 제3채무자의 권리로서 인정되는 것으로, 이를 권리공탁이라 한다. 권리공탁은 압류채권자가 추심하지 않고 있는 경우 또는 집행정지에 의하여 추심권의 행사가 제한된 경우 제3채무자가 이행지체의 책임을 면하기 위하여 자발적으로 하는 공탁이며, 압류경합을 요건으로 하지 않는다.

라. 의무공탁

금전채권에 대하여 압류 등 경합하는 다른 채권자의 공탁청구가 있는 경우, 제3채무자는 의무적으로 공탁해야 하고,(법 248조 항 3항) 이를 의무공탁이라 한다. 압류된 채권에 대하여 배당요구 또는 이중압류·가압류가 있다고 하여, 곧바로 채무자의 공탁의무가 인정되는 것이 아니라, 이러한 경합채권자(배당요구채권자, 압류채권자·가압류채권자)의 공탁청구가 있는 때에만 공탁의무가 인정된다.

> ▋ **관련판례** (대법원 2022. 9. 29. 선고 2019다278785 판결)
>
> 집행채권이 압류 또는 가압류된 상태에서 집행채무자에 대한 강제집행절차가 진행되어 집행채권자에게 적법하게 배당이 이루어진 경우, 집행채권에 대한 압류 또는 가압류의 효력은 집행채권자의 배당금지급청구권(만약 민사집행법 제160조 제1항 각호에서 정한 배당유보공탁사유로 인하여 공탁이 이루어진 경우에는 공탁사유가 소멸하면 집행채권자에게 발생할 공탁금출급청구권도 포함한다. 이하 '배당금지급청구권'이라고만 한다)에 미친다고 할 것이다.
>
> 한편 집행채권자의 다른 채권자들은 집행채권자의 배당금지급청구권을 압류 또는 가압류할 수 있다. 이러한 압류 등으로 인하여 집행채권자의 배당금지급청구권에 대하여 민사집행법 제235조의 압류경합이 발생하고 채무자에 해당하는 집행법원 등이 압류경합을 이유로 민사집행법 제248조 제1항에 따라 집행공탁을 하였다면, 그 집행공탁으로써 배당금지급의무는 소멸하고 특별한 사정이 없는 한 집행채무자는 집행채권의 압류 또는 가압류권자에 대하여 집행채권 소멸의 효력을 대항할 수 있다. 위와 같이 배당금지급청구권에 관한 압류경합에 따른 적법한 공탁사유신고에 의하여 채권배당절차가 개시되면 집행채권을 압류 또는 가압류하였던 채권자는 그 채권배당절차에서 배당금지급청구권에 대한 압류 또는 가압류권자의 지위에서 배당을 받아야 하므로, 집행법원 등이 집행채권자의 배당금지급청구권에 대한 압류의 경합을 이유로 사유신고를 할 때 사유신고서에 집행채권자에 대한 압류 또는 가압류명령도 기재하여야 한다. 만약 이 경우 집행채권자에 대한 압류 또는 가압류명령이 사유신고서에 기재되지 않는 등의 이유로 그 후에 이루어진 배당절차에서 집행채권자의 채권자가 배당을 받지 못한 경우에는 과다배당을 받은 다른 채권자를 상대로 자신이 배낭받을 수 있었던 금액만큼 부당이득반환청구를 할 수 있다.

II. 현금화 절차

현금화는 이부(移付)명령에 의해 한다. 이부명령에는 추심명령, 전부명령, 특별현금화명령의 3가지가 있다. 이들 업무는 사법보좌관의 업무이다.

1. 추심명령

가. 의의

추심명령은 압류채권자에게 피압류채권을 추심할 수 있는 권능을 수여하는 집행법원의 이부명령이다. 즉, 금전채권에 대한 압류 및 추심명령이 있는 경우, 이는 강제집행절차에서 추심채권자에게 채무자의 제3채무자에 대한 채권을 추심할 권능만을 부여하는 것이므로, 이로 인하여 채무자가 제3채무자에 대하여 가지는 채권이 추심채권자에게 이전되거나 귀속되는 것은 아니다(대법원 2019. 12. 12. 선고 2019다256471 판결).

추심명령의 대상으로 금전채권뿐만 아니라 유체물인도·권리이전청구권도 추심명령의 대상이 되며, 압류가 경합된 경우에도 추심명령이 가능하다. 참고로 전부명령은 금전채권만이 대상이 되고 압류 경합시 전부명령은 무효가 된다.

나. 재판

추심명령은 채무자와 제3채무자에게 송달해야한다. 제3채무자에게 송달시 효력이 발생하고, 채무자에 대한 송달은 추심명령의 효력발생요건이 아니다. 채무자에 대한 송달이 전부명령의 효력발생요건이 되는 것과 비교된다. 왜냐하면, 추심명령은 확정되지 않아도 효력이 발생하지만, 전부명령은 확정되어야 효력이 발생하므로 전부명령의 경우 채무자의 즉시항고기간이 도래하여야 확정되기 때문이다.

추심명령이 제3채무자에게 송달된 경우 피압류채권에 대하여 시효중단사유인 최고의 효력이 발생한다. 추심명령신청의 재판에 대한 즉시항고의 사유는 압류명령과 추심명령의 요건불비에 한하고, 피압류채권의 부존재·소멸의 경우에는 추심의 소에서 다투어야 하고, 집행채권의 부존재·소멸의 경우에는 청구이의의 소에서 다루어야 한다.

다. 효과

(1) 추심채권자의 지위

　법정소송담당의 경우로서 추심채권자가 당사자적격을 가지고, 채무자는 피압류채권에 대한 이행소송을 제기할 당사자적격을 상실한다. 다만, 추심채권자가 압류명령의 신청을 취하하여 추심권이 소멸하면 추심권능과 소송수행권이 모두 채무자에게 복귀하므로, 채무자는 당사자적격을 회복한다. 추심권의 포기는 압류의 효력에는 영향을 미치지 않으므로, 추심권의 포기만으로는 압류로 인한 소멸시효중단의 효력은 상실되지 않고, 압류명령의 신청을 취하하면 비로소 소멸시효중단의 효력이 소급하여 상실된다(대법원 2014. 11. 13. 선고 2010다63591 판결).

　추심채권자는 집행법원의 수권에 따라 추심기관으로서 압류나 배당에 참가한 모든 채권자를 위하여 제3채무자로부터 피압류채권을 추심하는 것일 뿐 자신의 집행채권을 변제받는 것이 아니다. 따라서, 추심채권자는 피압류채권의 행사에 제약을 받게되는 채무자를 위하여 선량한 관리자의 주의의무를 가지고 채권을 행사하고, 나아가 제3채무자로부터 추심금을 지급받으면 지체없이 공탁 및 사유신고를 함으로써 압류 또는 배당에 참가한 모든 채권자들이 배당절차에 의한 채권의 만족을 얻도록 해야 할 의무를 부담한다(대법원 2007. 11. 15. 선고 2007다62963 판결).

　압류·추심명령의 추심채권자가 추심의 소를 통해 얻은 집행권원(판결문)으로 제3채무자의 채권을 다시 압류·추심하여 추심금을 지급받은 경우, 최초 압류 및 추심명령의 발령 당시 압류가 경합된 상태가 아니었더라도 추심 신고를 하지 않은 사이 압류의 경합이 있게 되는 경우에는, 추심채권자는 지급받은 추심금을 최초 추심명령의 발령법원에 공탁할 의무가 있다(대법원 2022. 4. 14. 선고 2019다249381 판결).

(2) 집행채무자의 지위

　집행채무자는 압류된 채권의 귀속 주체이다. 제3채무자가 무자력인 경우, 집행채권자는 채무자의 다른 재산에 다시 집행할 수 있다.

▎관련판례

1. 2인 이상의 불가분채무자 또는 연대채무자(이하 '불가분채무자 등'이라 한다)가 있는 금전채권의 경우에, 그 불가분채무자 등 중 1인을 제3채무자로 한 채권압류 및 추심명령이 이루어지면 그 채권압류 및 추심명령을 송달받은 불가분채무자 등에 대한 피압류채권에 관한 이행의 소는 추심채권자만이 제기할 수 있고 추심채무자는 그 피압류채권에 대한 이행소송을 제기할 당사자적격을 상실하지만, 그 채권압류 및 추심명령의 제3채무자가 아닌 나머지 불가분채무자 등에 대하여는 추심채무자가 여전히 채권자로서 추심권한을 가지므로 나머지 불가분채무자 등을 상대로 이행을 청구할 수 있고, 이러한 법리는 위 금전채권 중 일부에 대하여만 채권압류 및 추심명령이 이루어진 경우에도 마찬가지이다(대법원 2013. 10. 31. 선고 2011다98426 판결).

2. 채무자의 제3채무자에 대한 예금채권에 대하여 채권압류 및 추심명령이 있음에도 채무자가 제3채무자인 금융기관을 상대로 해당 예금이 위 규정에서 정한 채무자의 1월간 생계유지에 필요한 예금으로서 압류금지채권에 해당한다고 주장하며 예금의 반환을 구하는 경우, 해당 소송에서 지급을 구하는 예금이 압류 당시 채무자의 개인별 예금 잔액 중 위 규정에서 정한 금액 이하로서 압류금지채권에 해당한다는 사실은 예금주인 채무자가 증명하여야 한다(대법원 2024. 2. 8. 선고 2021다206356 판결).

(3) 제3채무자의 지위

제3채무자는 압류 전에 채무자에 대하여 주장할 수 있는 실체상의 모든 항변으로 추심채권자에게 대항할 수 있다. 다만, 은행으로서는 공동명의 예금채권자가 공통으로 그 반환을 청구하는 절차를 밟아야만 예금청구에 응할 수 있다는 공동명의 예금채권자들과 사이의 공동반환특약을 들어 그 지급을 거절할 수는 없다. 이를 허용할 경우 당사자간의 공동명의예금반환특약을 통하여 압류금지채권을 무한정 만들 수 있기 때문이다(대법원 2005. 9. 9. 선고 2003다7319 판결).

제3채무자는 추심채권자에 대한 반대채권으로 상계할 수 없다. 전부명령된 경우에는 가능하다.

제3채무자가 정당한 추심채권자에게 지급하면 피압류채권은 소멸한다. 즉, 제3채무자가 정당한 추심채권자에게 변제하면 그 효력은 압류경합관계에 있는 모든 채권자에게 미치고, 제3채무자가 집행공탁을 하거나 상계 그 밖의 사유로 피압류채권을 소멸시키면 그 효력도 압류경합관계에 있는 모든 채권자에게 미치는 것이다.

관련판례

1. 추심명령을 받아 채권을 추심하는 채권자는 집행법원의 수권에 따라 일종의 추심기관으로서 압류나 배당에 참가한 모든 채권자를 위하여 제3채무자로부터 추심을 하는 것이므로, 압류가 경합된 경우 제3채무자는 정당한 추심권자에게 변제하거나 집행법원에 공탁을 할 수 있고, 제3채무자가 추심채권자에게 변제한 경우 추심채권자는 집행법원에 공탁 및 사유신고를 하여야 하고, 추심채권자가 그 배당절차에서 실제로 배당받은 금액의 범위 내에서만 집행채권이 소멸하게 된다(대법원 2006. 3. 9. 선고 2005다65180 판결).
2. 부동산임대차에서 수수된 보증금은 차임채무, 목적물의 멸실·훼손 등으로 인한 손해배상채무 등 임대차에 따른 임차인의 모든 채무를 담보하는 것으로서 그 피담보채무 상당액은 임대차관계의 종료 후 목적물이 반환될 때에 특별한 사정이 없는 한 별도의 의사표시 없이 보증금에서 당연히 공제되는 것이므로, 임대보증금이 수수된 임대차계약에서 차임채권에 관하여 압류 및 추심명령이 있더라도, 추심채권자가 변제를 받기 전에 해당 임대차계약이 종료되어 목적물이 반환될 때에는 그때까지 추심되지 않은 채 잔존하는 차임채권 상당액도 임대보증금에서 당연히 공제되므로, 차임채권에 관하여 압류 및 추심명령이 송달된 이후의 차임 역시 임대보증금에서 당연히 공제된다(대법원 2004. 12. 23. 선고 2004다56554 판결).

라. 추심 후의 절차

(1) 배당참가한 다른 채권자가 없는 경우

채권압류 및 추심명령을 받은 채권자가 제3채무자로부터 피압류채권을 추심한 다음 민사집행법 제236조 제1항에 따른 추심신고를 한 경우 그 때까지 다른 압류·가압류 또는 배당요구가 없으면 그 추심한 범위 내에서 피압류채권은 소멸하고, 집행법원은 추심금의 충당관계 등을 조사하여 집행채권 전액이 변제된 경우에는 집행력 있는 정본을 채무자에게 교부하며, 일부 변제가 된 경우에는 그 취지를 집행력 있는 정본 등에 적은 다음 채권자에게 돌려주는 등의 조치를 취함으로써 채권집행이 종료하게 된다(대법원 2007. 11. 15. 선고 2007다62963 판결). 결국, 채권자는 추심금액이 남으면 채무자에게 돌려주어야 한다.

(2) 배당참가한 다른 채권자가 있는 경우

가압류 또는 배당요구가 있었을 때에는 추심채권자는 추심한 금액을 바로 공탁하고 압류·추심명령의 집행법원에 그 사유를 신고해야 한다. 위와 같이 공탁 및 사유신고가 있으면 배당절차가 실시된다(법 252조 2호). 최초 추심명령의 발령 당시 압류가 경합된 상태가 아니었더라도 추심신고를 하지 않은 사이에 압류의 경합이 있게 된 경우에도 마찬가지로 추심채권자는 추심금을 최초 추심명령의 발령법원에 공탁하고 그 사유를 신고할 의무가 있다(대법원 2022. 4. 14. 선고 2019다249381 판결).

마. 추심의 소

(1) 의의

제3채무자가 추심명령에 따른 이행을 하지 않거나, 추심 절차상 의무를 이행하지 않는 경우 채권자는 제3채무자를 상대로 추심의 소를 제기할 수 있다. 이를 추심금 청구 소송이라 한다. 채무자가 제3채무자를 상대로 제기한 이행의 소가 법원에 계속되어 있는 상태에서 압류채권자가 제3채무자를 상대로 추심의 소를 제기해도 민사소송법 259조에서 금지하는 중복소송에 해당하지 않는다(대법원 2013. 12. 18. 선고 2013다202120 전원합의체 판결).

이때, 제3채무자인 피고는 집행채권의 부존재나 소멸을 항변으로 주장하여 채무의 변제를 거절할 수 없다. 이는 집행채무자가 청구이의의 소에서 주장할 사유에 불과하기 때문이다. 한편, 제3채무자는 채권압류 전 압류채무자에게 대항할 수 있는 사유로 압류채권자에게 대항할 수 있다(대법원 2023. 5. 18. 선고 2022다265987 판결).

채무자가 제3채무자를 상대로 제기한 금전채권에 관한 이행의 소가 그 금전채권에 대한 압류 및 추심명령으로 인한 당사자적격의 상실로 각하됨으로써 민법 170조 1항에 의하여 시효중단의 효력이 소멸되더라도, 위 이행소송의 계속 중에 피압류채권에 대하여 채무자를 갈음하여 당사자적격을 취득한 추심채권자가 위 각하 판결이 확정된 날부터 6월 내에 제3채무자를 상대로 추심의 소를 제기했다면 민법 170조 2항에 의하여 채무자가 제기한 재판상 청구로 인하여 발생한 시효중단의 효력은 채권자의 추심금청구소송에서도 그대로 유지된다(대법원 2019. 7. 25. 선고 2019다212945 판결).

■ 관련판례

1. 금전채권에 대하여 압류 및 추심명령과 같은 추심권능은 그 자체로서 독립적으로 처분하여 환가할 수 있는 것이 아니어서 압류할 수 없는 성질의 것이고, 따라서 이러한 추심권능에 대한 가압류결정은 무효이며, 추심권능을 소송상 행사하여 승소확정판결을 받았다 하더라도 그 판결에 기하여 금원을 지급받는 것 역시 추심권능에 속하는 것이므로, 이러한 판결에 기하여 지급받을 채권에 대한 가압류결정도 무효라고 보아야 한다(대법원 1997. 3. 14. 선고 96다54300 판결).

2. 채권자는 민사집행법 제248조 제3항에 의하여 채무액의 공탁의무를 지는 제3채무자인 채무자를 상대로, 추심명령을 받은 압류채권자의 지위에서 민사집행법 제249조 제1항에 따라 그 채무액의 공탁을 구하는 추심의 소를 제기하여, '채무자는 채권자에게 410,028,098원을 지급하라. 위 금원의 지급은 공탁의 방법으로 하여야 한다.'는 판결(이하 '이 사건 판결'이라 한다)을 선고받았고 이 사건 판결은 그대로 확정된 사실을 알 수 있는바, 채권자가 제기한 위 추심의 소는 공탁의 방법에 의하여 채무액의 추심을 구하는 이행청구의 소이고 이를 인용한 이 사건 판결은 공탁의 방법에 의한 추심금 지급을 명하는 이행판결이므로, 채권자는 이 사건 판결 정본을 집행권원으로 한 강제집행으로서 채무자가 가진 금전채권을 압류·추심할 수 있다(대법원 2009. 5. 28. 자 2007마767 결정).

(2) 소송고지의무

추심의 소를 제기한 경우 채무자에게 그 소를 고지해야 한다(법 238조 본문). 즉, 채권자는 채무자에 대하여 소송고지의무가 있다.

(3) 공동소송참가

1) 자발참가(제249조 제2항)

집행력 있는 정본을 가진 모든 채권자는 공동소송인으로 원고가 제기한 소송에 참가할 권리가 있다.

2) 강제참가(제249조 제4항)

제3채무자는 집행력 있는 정본을 가진 모든 채권자가 원고가 제기한 소송에 공동소송인으로 참가하도록 첫 변론기일까지 참가명령을 신청할 수 있다. 참가명령을 받은 채권자는 참가 여부에 관계없이 추심금청구소송의 판결의 효력을 받는다(법 249조 4항).

(4) 추심소송과 기판력

동일한 채권에 대해 복수의 채권자들이 압류·추심명령을 받은 경우, 어느 한 채권자가 제기한 추심금소송에서 확정된 판결의 기판력은 그 소송의 변론종결일 이전에 압류·추심명령을 받았던 다른 추심채권자에게 미치지 않는다. 왜냐하면, 채무자의 같은 채권에 대하여 압류·추심명령을 받은 다른 채권자(집행력 있는 정본을 가진 채권자)들이 있더라도 이들이 앞서와 같이 법원으로부터 참가 명령을 받지 않는 한 추심소송의 판결의 효력이 미치지 않기 때문이다.

(5) 추심소송에서 추심권 일부 포기와 재판상 화해

추심금소송에서 추심채권자가 제3채무자와 '피압류채권 중 일부 금액을 지급하고 나머지 청구를 포기한다.'는 내용의 재판상 화해를 한 경우 '나머지 청구 포기 부분'은 추심채권자가 적법하게 포기할 수 있는 자신의 '추심권'에 관한 것으로서 제3채무자에게 더 이상 추심권을 행사하지 않고 소송을 종료하겠다는 의미로 보아야 한다. 이와 달리 추심채권자가 나머지 청구를 포기한다는 표현을 사용하였다고 하더라도 이를 애초에 자신에게 처분 권한이 없는 '피압류채권' 자체를 포기한 것으로 볼 수는 없다. 따라서 위와 같은 재판상 화해의 효력은 별도의 추심명령을 기초로 추심권을 행사하는 다른 채권자에게 미치지 않는다(대법원 2020. 10. 29. 선고 2016다35390 판결).

(6) 증명책임

추심의 소에서 채권자는 피압류채권의 존재를 증명해야 한다. 한편 제3채무자인 피고는 피압류채권의 소멸, 기한유예 등을 항변사유로 할 수 있다. 그러나 집행채권의 부존재·소멸은 항변사유가 아니며 이러한 사유는 집행채무자가 청구이의의 소로써 주장할 사유이다.

2. 전부명령

가. 의의

전부명령은 압류된 금전채권을 집행채권의 지급을 갈음하여 압류채권자에게 이전시키는 집행법원의 명령이다(법 229조 3항). 즉, 전부명령이 확정되면 채무자가 채권자에게 집행채무를 변제하는 것에 갈음하여 피압류채권이 채권자에게 이전되므로, 제3채무자에게 송달된 때에 집행채권이 소멸된다(법231조 본문). 결국, 집행채무가 변제되고 피압류채권이 이전되는 효과가 동시에 발생한다.

전부명령은 확정되어야 효력이 있고(법 229조 7항), 즉시항고권자인 채무자에게 송달되지 않으면 확정될 수 없으므로, 채무자에 대한 송달도 전부명령의 효력 발생요건인 점에서 추심명령과 차이가 있다.

나. 요건

(1) 전부명령이 유효하려면 먼저 압류된 채권은 금전채권이어야 한다. 다만, 장래의 불확정채권이라도 채권발생의 기초가 성립 확정되어 있어 특정이 가능하고, 가까운 장래에 채권의 발생·확정이 상당한 정도로 기대되는 경우에는 전부명령의 대상이 된다. 가령, 퇴직 전의 퇴직금청구권, 공탁원인 소멸 전의 공탁금회수청구권, 공사 완성 전의 공사대금채권, 매매계약 해제시에 발생할 매매대금반환채권은 대상적격이 인정된다.

(2) 압류된 채권에 압류·가압류의 경합이 없어야 한다. 전부명령은 전부채권자에게 독점적인 만족을 주는 것이므로, 압류(체납처분에 의한 압류도 포함한다)나 가압류의 경합 또는 배당요구가 없어야 한다. 압류경합이나 배당요구가 있는 채권에 대한 전부명령은 무효이다(법 229조 5항).

(3) 피전부채권이 불성립·부존재 하는 경우 전부명령은 무효이다(법 231조 단서).

▌관련판례

1. 채권자대위소송이 제기되고 대위채권자가 채무자에게 대위권 행사사실을 통지하거나 채무자가 이를 알게 된 이후에는 민사집행법 제229조 제5항이 유추적용되어 피대위채권에 대한 전부명령은, 우선권 있는 채권에 기초한 것이라는 등의 특별한 사정이 없는 한, 무효이다(대법원 2016. 8. 29. 선고 2015다236547 판결).
2. 채권가압류와 채권압류의 집행이 경합된 상태에서 발령된 전부명령은 무효이고, 한번 무효로 된 전부명령은 그 후 채권가압류의 집행취소(집행해제)로 경합상태에서 벗어났다고 하여 유효하게 되는 것은 아니다(대법원 2008. 1. 17. 선고 2007다73826 판결).
3. 전부명령이 제3채무자에게 송달될 당시를 기준으로 압류가 경합되지 않았다면 그 후에 이루어진 채권압류가 그 전부명령의 효력에 영향을 미칠 수 없다(대법원 2000. 10. 6. 선고 2000다31526 판결).

다. 효과

(1) 집행채무의 변제효와 피압류채권의 이전효

전부명령이 확정되면 그 명령이 제3채무자에게 송달된 때에 소급하여 피압류채권이 집행채권의 범위 안에서 당연히 전부채권자에게 이전되고 동시에 집행채권 소멸의 효력이 발생된다.

> **▌관련판례**
>
> 1. 채권자가 약속어음금 채권을 집행채권으로 하여 약속어음 채무자가 제3채무자에 대하여 가지는 채권의 압류 및 전부명령을 받아 확정되었다면 위 전부명령이 제3채무자에게 송달된 때에 소급하여 피전부채권이 채권자에게 이전하고, 이는 집행채무자가 채무의 이행에 갈음하여 현실적인 출연을 한 것과 법률상 동일하게 취급되어 집행채권인 약속어음금 채권은 변제된 것으로 보아 소멸한다. 집행채권인 약속어음금 채권이 전부명령의 확정에 의하여 소멸한 경우, 그 시점에 약속어음금 채권에 의하여 담보되는 원인채권인 대여금채권도 같은 액수만큼 변제로 인하여 확정적으로 소멸한다(대법원 2009. 2. 12. 선고 2006다88234 판결).
> 2. 집행권원으로 하는 금전채권에 대한 강제집행절차에서, 비록 그 공정증서에 표시된 청구권의 기초가 되는 법률행위에 무효사유가 있더라도 그 강제집행절차가 청구이의의 소 등을 통하여 적법하게 취소·정지되지 아니한 채 계속 진행되어 채권압류 및 전부명령이 적법하게 확정되었다면, 그 강제집행절차가 반사회적 법률행위의 수단으로 이용되었다는 등의 특별한 사정이 없는 한, 단지 이러한 법률행위의 무효사유를 내세워 확정된 전부명령에 따라 전부채권자에게 피전부채권이 이전되는 효력 자체를 부정할 수는 없다(대법원 2016. 3. 24. 선고 2015다248137 판결).
> 3. 전부명령이 확정된 후 그 집행권원인 집행증서의 기초가 된 법률행위 중 전부 또는 일부에 무효사유가 있는 것으로 판명된 경우에는 그 무효 부분에 관하여는 집행채권자가 부당이득을 한 셈이 되므로, 그 집행채권자는 집행채무자에게, 위 전부명령에 따라 전부받은 채권 중 실제로 추심한 금전 부분에 관하여는 그 상당액을 반환하여야 하고, 추심하지 아니한 나머지 부분에 관하여는 그 채권 자체를 양도하는 방법에 의하여 반환하여야 한다(대법원 2005. 4. 15. 선고 2004다70024 판결).

4. 집행채무자의 채권자가 그 집행채권자를 상대로 부당이득금 반환채권을 대위 행사하는 경우 집행채무자에게 그 반환의무를 이행하도록 청구할 수도 있지만, 직접 대위채권자에게 이행하도록 청구할 수도 있다고 보아야 하는데, 이와 같이 채권자대위권을 행사하는 채권자에게 변제수령의 권한을 인정하더라도 그것이 채권자 평등의 원칙에 어긋난다거나 제3채무자를 이중 변제의 위험에 빠뜨리게 하는 것이라고 할 수 없다(대법원 2005. 4. 15. 선고 2004다70024 판결).
5. 수인의 채권자에게 금전채권이 불가분적으로 귀속되는 경우에, 불가분채권자들 중 1인을 집행채무자로 한 압류 및 전부명령이 이루어지면 그 불가분채권자의 채권은 전부채권자에게 이전되지만, 그 압류 및 전부명령은 집행채무자가 아닌 다른 불가분채권자에게 효력이 없으므로, 다른 불가분채권자의 채권의 귀속에 변경이 생기는 것은 아니다. 따라서 다른 불가분채권자는 모든 채권자를 위하여 채무자에게 불가분채권 전부의 이행을 청구할 수 있고, 채무자는 모든 채권자를 위하여 다른 불가분채권자에게 전부를 이행할 수 있다. 이러한 법리는 불가분채권의 목적이 금전채권인 경우 그 일부에 대하여만 압류 및 전부명령이 이루어진 경우에도 마찬가지이다(대법원 2023. 3. 30. 선고 2021다264253 판결).

(2) 전부명령의 효력발생시기

전부명령의 효력은 전부명령의 확정시에 발생한다(법 229조 7항). 즉, 1주의 즉시항고기간(이의신청기간)이 지난 때에 확정되고 그 시점은 전부명령이 제3채무자에게 송달된 때로 소급한다(법 231조 본문). 전부명령의 확정시 집행절차가 종료하므로, 집행정지·취소, 배당요구, 청구이의의 소 또는 제3자이의의 소 제기 등의 여지가 없다.

▎ 관련판례

1. 전부명령이 제3채무자에게 송달되기 전에 이전된 채권이 이미 다른 사람에 양도되고 확정일자 있는 양도통지가 채무자에게 도달했다면 그 전부명령은 이미 양도된 채권에 대한 것이어서 효력이 없다(대법원 2007. 4. 12. 선고 2005다1407 판결).
2. 압류의 효력 발생 당시에 제3채무자의 자동채권과 채무자의 수동채권이 상계적상에 있거나 자동채권이 압류 당시 변제기에 이르지 않은 경우에는 피압류채권인 수동채권의 변제기와 동시에 또는 그보다 먼저 변제기에 이른 경우라면 전부명령 송달 이후에도 상계할 수 있는데, 이러한 상계로 인하여 상계할 수 있는 때에 대등액에서 소멸한 것으로 보므로(민 493조 2항), 전부명령은 무효가 된다(대법원 2010. 3. 25. 선고 2007다35152 판결).

3. 장래의 조건부채권에 대한 전부명령이 확정된 후에 그 피압류채권의 전부 또는 일부가 존재하지 아니한 것으로 밝혀졌다면 민사집행법 제231조 단서에 의하여 그 부분에 대한 전부명령의 실체적 효력은 소급하여 실효된다(대법원 2004. 8. 20. 선고 2004다24168 판결).

3. 전부금청구소송

　제3채무자가 전부명령에 따른 이행을 하지 않은 경우 전부채권자는 제3채무자를 상대로 전부금청구소송을 제기할 수 있다. 전부금청구소송에서 제3채무자는 압류 및 전부명령의 효력을 항변사유로 주장할 수 있고, 압류 전의 항변사유로 전부채권자에게 대항할 수 있다.

▌관련판례

1. 압류가 금지된 채권에 대한 압류명령은 강행법규에 위반되어 무효라 할 것이고, 또 전부명령은 압류채권의 지급에 갈음하여 피전부채권이 압류채권자에 이전하는 효력을 갖는 것이므로 전부명령의 전제가 되는 압류자체가 무효라면 이에 기한 전부명령 역시 무효라고 하지 않을 수 없지만 한편 이와 같은 무효는 압류 및 전부명령도 하나의 재판인 이상 이를 당연무효라고 할 수는 없으므로 다만 <u>실체법상의 효력을 발생시키지 아니하는 뜻의 무효라고 보아 제3채무자는 압류채권자의 전부금지급청구에 대하여 위와 같은 실체법상의 무효를 들어 항변할 수 있다.</u> 압류가 금지된 채권에 대하여 압류 및 전부명령이 내려지더라도 그것이 제3채무자와 채무자에게 송달되면 집행절차를 종료시키는 효과를 갖게 되어 집행방법에 관한 이의등으로는 그 효력을 다툴 수 없다(대법원 1987. 3. 24. 선고 86다카1588 판결).
2. 공정증서가 집행권원으로서 집행력을 가질 수 있도록 하는 집행인낙의 표시는 공증인에 대한 소송행위이므로, 무권대리인의 촉탁에 의하여 공정증서가 작성된 때에는 집행권원으로서의 효력이 없고, 이러한 공정증서에 기초하여 채권압류 및 전부명령이 발령되어 확정되었더라도 채권압류 및 전부명령은 무효인 집행권원에 기초한 것으로서 강제집행의 요건을 갖추지 못하여 <u>실체법상 효력이 없다. 따라서 제3채무자는 채권자의 전부금 지급청구에 대하여 그러한 실체법상의 무효를 들어 항변할 수 있다</u>(대법원 2016. 12. 29. 선고 2016다22787 판결).

Chapter 03 담보권실행 등을 위한 경매

제1장 총설

I. 의의

담보권실행 등을 위한 경매는 임의경매라고도 한다. 담보권실행 등을 위한 경매에는 담보권실행을 위한 경매와 유치권 등에 의한 경매가 있다. 담보권실행 등을 위한 경매에는 집행권원과 집행문이 필요하지 않다. 따라서 집행문부여에 대한 이의신청이나 그 이의의 소를 제기할 수 없으며, 청구이의의 소를 제기할 수 없다. 다만, 담보권의 효력을 다투는 소를 제기하는 경우 청구이의의 소에 관한 규정을 준용하여 해결한다.

II. 담보권의 부존재·소멸 등의 경우와 경매의 효력

채무자 등은 담보권의 부존재·소멸, 피담보채권의 불발생·소멸 또는 변제기의 연기 등 실체법상의 사유로 경매개시결정에 대하여 이의신청을 할 수 있다(법 265조). 부동산에 대한 담보권실행을 위한 경매에서는 강제경매의 경우와는 달리 경매의 기본이 되는 저당권이 존재하는지 여부는 경매개시결정에 대한 이의사유가 되고, 그 부동산의 소유자가 매각허가결정에 대하여 저당권의 부존재를 주장하여 사법보좌관의 처분에 대한 이의신청을 통하여 즉시항고를 한 경우, 항고법원은 그 권리의 부존재 여부를 심리하여 항고 이유의 유무를 판단한다.

민집법 267조는 매수인의 부동산 취득은 담보권 소멸로 영향을 받지 아니한다고 규정하고 있다. 담보권의 부존재·무효 등의 경우 매수인은 소유권을 취득할 수 없으나, 경매개시결정 뒤에 담보권의 소멸이나 피담보채권의 소멸의 경우에는 매수인은 소유권을 취득한다. 이에 대하여 집행력 있는 정본이 있는 경우에 한하여 국가의 강제집행권의 실행으로서 실시되는 강제경매에서는 실체상 청구권의 부존재·무효 또는 경매절차 완결시까지 변제 등에 의한 소멸 등의 경우에도 매수인이 소유권을 취득하는 공신적 효과가 인정되는 데 반하여, 임의경매에서는 부분적 공신력만이 인정된다고 표현하기도 한다.

▌관련판례

1. 경매개시결정 이전에 피담보채권이 소멸됨에 따라 근저당권이 소멸된 경우 그 소멸된 근저당권을 바탕으로 하여 이루어진 경매개시결정을 비롯한 일련의 절차 및 매각허가결정은 모두 무효이며 따라서 매수인은 매각부동산의 소유권을 취득할 수 없다(대법원 1978. 10. 10. 선고 78다910 판결).
2. 채무자가 경락인의 대금완납 이전에 채무를 변제하여 담보권을 소멸시켰다 하더라도 이를 근거로 이의신청을 하고 나아가 경매절차를 정지시키지 아니하여 경락인이 경락대금을 납부하기에 이르렀다면 이로써 경락인은 경매목적물의 소유권을 유효하게 취득한다(대법원 1992. 11. 11. 자 92마719 결정).

제2장 부동산에 대한 담보권 실행

Ⅰ. 경매절차

부동산을 목적으로 하는 담보권실행을 위한 경매절차에서는 강제경매에 관한 규정이 대부분 준용된다(법 268조). 이하에서는 강제경매와 다른 부분에 한하여 살펴본다.

1. 경매신청

(1) 경매신청은 서면으로 해야 한다. 부동산 일부에 대하여 전세권이 설정되어 있는 경우 그 전세권자는 민법 303조 1항의 규정에 의하여 그 부동산 전부에 대하여 후순위 권리자 그 밖의 채권자보다 전세금의 우선변제를 받을 권리가 있고, 민법 318조의 규정에 의하여 전세권설정자가 전세금의 반환을 지체한 때에는 전세권의 목적물의 경매를 청구할 수 있다. 그러나, 전세권의 목적물이 아닌 나머지 부동산 부분에 대해서는 우선변제권은 별론으로 하고 경매신청권은 없다. 즉, 전세권의 목적물이 된 부분을 초과하여 부동산 전부에 대한 경매신청은 허용되지 않는다. 그렇다면, 전세권자가 부동산 경매신청을 할 방법은 없는 것인가. 분할등기를 하면 된다. 부동산의 일부에 대하여 전세권이 설정되어 있고 전세권설정자가 분할등기를 하지 않는 경우, 전세권자는 전세권설정자를 대위하여 분할등기를

신청할 수 있다. 전세권의 목적으로 된 건물의 일부가 구조상 또는 이용상 독립성이 없어 독립한 소유권의 객체로 분할할 수 없는 경우에는 어떻게 하여야 할까. 이러한 때에는 전세금반환채권에 관한 집행권원을 얻은 다음 건물 전체에 대한 강제경매를 진행할 수밖에 없다.

(2) 저당권과 함께 피담보채권을 양수한 자는 저당권이전의 부기등기를 마치고 저당권실행의 요건을 갖추고 있는 한 채권양도의 대항요건을 갖추고 있지 않더라도 경매신청을 할 수 있고, 이 경우 경매개시결정을 할 때 피담보채권의 양수인이 채권양도의 대항요건을 갖추었다는 점을 증명할 필요는 없다. 하지만 채무자는 신청채권자가 채권양도의 대항요건을 갖추지 못하였는데도 경매개시결정 또는 매각허가결정이 이루어졌음을 이유로 경매개시결정에 대한 이의신청이나 매각허가결정에 대한 즉시항고를 할 수 있고, 신청채권자는 이에 따른 절차에서 채권양도의 대항요건을 갖추었음을 증명하여야 한다(대법원 2024. 8. 19. 자 2024마6339 결정).

(3) 담보권 실행을 위한 경매절차에서 신청채권자가 경매신청서에 피담보채권의 일부만을 청구금액으로 하여 경매를 신청하였을 경우에는 다른 특별한 사정이 없는 한 신청채권자의 청구금액은 그 기재된 채권액을 한도로 확정되고 그 후 신청채권자가 채권계산서에 청구금액을 확장하여 제출하는 등의 방법으로 청구금액을 확장할 수 없다. 그러나 경매신청서에 청구채권으로 원금 외에 이자, 지연손해금 등의 부대채권을 개괄적으로나마 표시하였다가 나중에 채권계산서에 의하여 그 부대채권의 구체적인 금액을 특정하는 것은 경매신청서에 개괄적으로 기재하였던 청구금액의 산출근거와 범위를 밝히는 것이므로 허용된다. 또한 신청채권자가 경매신청서에 청구채권 중 이자, 지연손해금 등의 부대채권을 확정액으로 표시한 경우에는 나중에 배당요구 종기까지 채권계산서를 제출하는 등으로 부대채권을 증액하여 청구금액을 확장하는 것은 허용된다(대법원 2022. 8. 11. 선고 2017다225619 판결).

2. 경매개시결정(압류)

압류의 효력은 경매개시결정이 소유자에게 송달된 때 또는 경매개시결정등기가 된 때 중 먼저 된 때에 생긴다(법 268조, 83조 4항). 통상적으로 경매개시결정등기가 먼저 이루어지므로 이를 압류등기라고 한다.

3. 현금화

담보권실행을 위한 경매에도 강제집행의 경우와 같이 배당요구제도가 있다 (법 268조. 88조). 강제경매에서의 서술과 크게 다르지 않다.

> **관련판례**
>
> 1. 피담보채권과 근저당권을 함께 양도하는 경우에 채권양도는 당사자 사이의 의사표시만으로 양도의 효력이 발생하지만 근저당권이전은 이전등기를 하여야 하므로 채권양도와 근저당권이전등기 사이에 어느 정도 시차가 불가피한 이상 피담보채권이 먼저 양도되어 일시적으로 피담보채권과 근저당권의 귀속이 달라진다고 하여 근저당권이 무효로 된다고 볼 수는 없으나, 위 근저당권은 그 피담보채권의 양수인에게 이전되어야 할 것에 불과하고, 근저당권의 명의인은 피담보채권을 양도하여 결국 피담보채권을 상실한 셈이므로 집행채무자로부터 변제를 받기 위하여 배당표에 자신에게 배당하는 것으로 배당표의 경정을 구할 수 있는 지위에 있다고 볼 수 없다(대법원 2003. 10. 10. 선고 2001다77888 판결).
> 2. 등기는 물권의 효력 발생요건이고 존속요건은 아니어서 등기가 원인 없이 말소된 경우에는 그 물권의 효력에 아무런 영향이 없고, 그 회복등기가 마쳐지기 전이라도 말소된 등기의 등기명의인은 적법한 권리자로 추정되므로, 근저당권설정등기가 위법하게 말소되어 아직 회복등기를 경료하지 못한 연유로 그 부동산에 대한 경매절차의 배당기일에서 피담보채권액에 해당하는 금액을 배당받지 못한 근저당권자는 배당기일에 출석하여 이의를 하고 배당이의의 소를 제기하여 구제를 받을 수 있고, 가사 배당기일에 출석하지 않음으로써 배당표가 확정되었다고 하더라도, 확정된 배당표에 의하여 배당을 실시하는 것은 실체법상의 권리를 확정하는 것이 아니기 때문에 위 경매절차에서 실제로 배당받은 자에 대하여 부당이득반환 청구로서 그 배당금의 한도 내에서 그 근저당권설정등기가 말소되지 아니하였더라면 배당받았을 금액의 지급을 구할 수 있다(대법원 2002. 10. 22. 선고 2000다59678 판결).

II. 임의경매에서의 구제방법

1. 경매개시결정에 대한 이의신청

이해관계인은 경매개시결정에 대하여 이의신청을 할 수 있다(법 268조, 86조 1항). 경매개시결정에 대한 이의신청의 사유에는 절차상의 위법사유뿐만이 아니라 담보권의 부존재 또는 소멸(변제·변제공탁, 변제기의 미도래·연기 등)도 포함되며(법 265조), 담보권의 소멸시기가 경매개시결정 전·후인지는 불문 한다. 경매개시결정에 대한 이의신청은 대금완납시까지 할 수 있다(법 268조, 86조 1항). 피담보채무의 변제를 이유로 이의신청을 하는 경우 물상보증인이나 제3취득자는 채권최고액과 집행비용을 변제하면 되지만, 채무자 겸 설정자는 채무액이 근저당권의 채권최고액을 초과하는 경우에 채무액 전체를 변제해야 한다.

2. 부동산경매의 취소·정지

부동산경매의 취소·정지사유에 관해서는 법 266조 1항에서 규정하고 있다.

3. 채무부존재확인의 소 등의 제기 및 이에 따른 잠정처분

채무자는 담보권의 효력을 다투는 소로서 채무부존재확인의 소 또는 저당권설정등기말소청구의 소를 제기할 수 있다. 이는 청구이의의 소에 준한다(법 275조, 44조). 채무자는 담보권실행을 위한 경매절차를 저지하기 위하여 법46조 2항에 의한 잠정처분으로 경매절차정지결정을 받을 수 있다. 잠정처분으로 경매절차정지를 받은 후 본안소송에서 패소한 경우 경매절차정지로 인한 채권자의 손해에 대하여 채무자의 고의·과실이 추정된다(대법원 2001. 2. 23. 선고 98다26484 판결).

> **관련판례**
>
> 임의경매를 신청할 수 있는 권리의 존부를 다투어 민사집행법 제275조에 의한 같은 법 제44조의 준용에 의해 채무에 관한 이의의 소를 제기한 경우에도 같은 법 제46조 제2항에 의한 강제집행정지명령을 받아 정지시킬 수 있을 뿐이고, 일반적인 가처분절차에 의하여 임의경매절차를 정지시킬 수는 없다(대법원 2004. 8. 17. 자 2004카기93 결정).

제3장 유체동산에 대한 담보권실행

 유체동산을 목적으로 하는 담보권실행을 위한 경매는 채권자가 그 목적물을 제출하거나 그 목적물의 점유자가 압류를 승낙한 때에 개시한다(법 271조). 여기에는 유체동산에 대한 강제집행의 규정과 부동산담보권 실행에 관한 법 265·266조의 규정이 준용된다(법 272조). 압류 후 유체동산의 강제집행에 준하여 유체동산경매가 행해진다(법 272조).

제4장 채권 그 밖의 재산권에 대한 담보권실행 등

I. 의의

 채권 그 밖의 재산권을 목적으로 하는 담보권실행은 담보권을 증명하는 서류가 제출된 때에 개시된다. 채권에 대한 질권의 실행은 민법 353조에 의하여 직접 청구할 수도 있으므로, 법 273조의 활용가치는 크지 않으나, 채권질이 아닌 그 밖의 재산권(예컨대 특허권 저작권, 사원의 지분권, 예탁유가증권 등)에 대한 질권의 경우에는 법 273조에 의해야 한다.
 가령, 토지의 저당권자는 그 토지가 수용당한 경우 소유자가 갖는 저당목적물의 변형물인 수용보상금지급청구권에 대하여 물상대위를 할 수 있고, 저당목적물이 소실되어 저당권설정자가 보험회사에 대하여 화재보험계약에 따른 보험금청구권을 취득한 경우, 그 보험금청구권은 저당목적물이 가지는 가치의 변형물이므로 저당권자는 저당권설정자의 보험회사에 대한 보험금청구권에 대하여 물상대위를 할 수 있다.

II. 물상대위권에 기한 담보권행사

1. 채권 등의 압류

 질권자·저당권자에게 물상대위권이 생겼을 때에는 담보권에 기한 권리실행을 할 수 있다(법 273조 2항). 저당권자는 물상대위권을 행사하기 위하여 저당권설정자가 받을 금전 그 밖의 물건의 지급 또는 인도 전에 압류해야 한다(민 370조, 342조 단서). 압류를 요구하는 이유는 물상대위의 목적인 채권의 특정성을 유지하여 그 효력을 보전하고, 평등배당을 기대한 다른 일반채권자의 신뢰를 보호하는 등 제3자에게 불측의 손해를 입히지 아니함과 동시에 집행절차의 안정과 신속을 추구함에 있다. 반드시 본인이 압류를 하지 않았더라도 제3자가 압류를 하여 그 금전 또는 물건이 특정된 이상 저당권자가 이를 압류하지 않고서도 물상대위권을 행사하여 일반채권자보다 우선변제받을 수 있다(대법원 2002. 10. 11. 선고 2002다33137 판결).

▌관련판례

1. 근저당권자는 근저당권의 목적이 된 토지의 공용징수 등으로 토지의 소유자가 받을 금전이나 그 밖의 물건에 대하여 물상대위권을 행사할 수 있으나, 다만 그 지급이나 인도 전에 압류하여야 하고(민법 제370조, 제342조), 근저당권자가 금전이나 물건의 인도청구권을 압류하기 전에 토지의 소유자가 인도청구권에 기하여 금전 등을 수령한 경우 근저당권자는 더 이상 물상대위권을 행사할 수 없다(대법원 2015. 9. 10. 선고 2013다216273 판결).

2. 물상대위권을 갖는 채권자가 동시에 채무명의를 가지고 있으면서 채무명의에 의한 강제집행의 방법을 선택하여 채권의 압류 및 추심명령을 얻은 경우에는 비록 그가 물상대위권을 갖는 실체법상의 우선권자라 하더라도 원래 일반채무명의에 의한 강제집행절차와 담보권의 실행절차는 그 개시요건이 다를 뿐만 아니라 다수의 이해관계인이 관여하는 집행절차의 안정과 평등배당을 기대한 다른 일반채권자의 신뢰를 보호할 필요가 있는 점에 비추어 일반채무명의에 의한 채권압류를 물상대위권의 행사로 볼 수 없다(대법원 1990. 12. 26. 선고 90다카24816 판결).

3. 저당권자가 이러한 물상대위권의 행사에 나아가지 아니한 채 단지 수용 대상 토지에 대하여 담보물권의 등기가 된 것만으로는 그 보상금으로부터 우선변제를 받을 수 없고, 저당권자가 물상대위권의 행사에 나아가지 않아 우선변제권을 상실한 이상 다른 채권자가 그 보상금 또는 이에 관한 변제공탁금으로부터 이득을 얻었다고 하더라도 저당권자는 이를 부당이득으로서 반환청구할 수 없다(대법원 2002. 10. 11. 선고 2002다33137 판결).

4. 저당권자가 물상대위권의 행사로 금전 또는 물건의 인도청구권을 압류하기 전에 저당목적물 소유자가 그 인도청구권에 기하여 금전 등을 수령한 경우, 저당

목적물 소유자는 저당권자에게 이를 부당이득으로 반환할 의무가 있다(대법원 2009. 5. 14. 선고 2008다17656 판결).
5. 전세권을 목적으로 한 저당권이 설정된 경우, 전세권의 존속기간이 만료되면 전세권의 용익물권적 권능이 소멸하기 때문에 더 이상 전세권 자체에 대하여 저당권을 실행할 수 없게 되고, 저당권자는 저당권의 목적물인 전세권에 갈음하여 존속하는 것으로 볼 수 있는 전세금반환채권에 대하여 압류 및 추심명령 또는 전부명령을 받거나 제3자가 전세금반환채권에 대하여 실시한 강제집행절차에서 배당요구를 하는 등의 방법으로 물상대위권을 행사하여 전세금의 지급을 구하여야 한다.
6. 전세권저당권자가 물상대위권을 행사하여 전세금반환채권에 대하여 압류 및 추심명령 또는 전부명령을 받고 이에 기하여 추심금 또는 전부금을 청구하는 경우 제3채무자인 전세권설정자는 일반적 채권집행의 법리에 따라 압류 및 추심명령 또는 전부명령이 송달된 때를 기준으로 하여 그 이전에 채무자와 사이에 발생한 모든 항변사유로 압류채권자에게 대항할 수 있다.
7. 다만 임대차계약에 따른 임대차보증금반환채권을 담보할 목적으로 유효한 전세권설정등기가 마쳐진 경우에는 전세권저당권자가 저당권 설정 당시 그 전세권설정등기가 임대차보증금반환채권을 담보할 목적으로 마쳐진 것임을 알고 있었다면, 제3채무자인 전세권설정자는 전세권저당권자에게 그 전세권설정계약이 임대차계약과 양립할 수 없는 범위에서 무효임을 주장할 수 있으므로, 그 임대차계약에 따른 연체차임 등의 공제 주장으로 대항할 수 있다(대법원 2021. 12. 30. 선고 2018다268538 판결).
8. 저당목적물의 변형물인 금전 기타 물건에 대하여 일반 채권자가 물상대위권을 행사하려는 저당채권자보다 단순히 먼저 압류나 가압류의 집행을 함에 지나지 않은 경우에는 저당권자는 그 전은 물론 그 후에도 목적채권에 대하여 물상대위권을 행사하여 일반 채권자보다 우선변제를 받을 수가 있으며, 위와 같이 전세권부 근저당권자가 우선권 있는 채권에 기하여 전부명령을 받은 경우에는 형식상 압류가 경합되었다 하더라도 그 전부명령은 유효하다(대법원 2008. 12. 24. 선고 2008다65396 판결).
9. 전세금은 그 성격에 비추어 민법 제315조에 정한 전세권설정자의 전세권자에 대한 손해배상채권 외 다른 채권까지 담보한다고 볼 수 없으므로, 전세권설정자가 전세권자에 대하여 위 손해배상채권 외 다른 채권을 가지고 있더라도 다른 특별한 사정이 없는 한 이를 가지고 전세금반환채권에 대하여 물상대위권을

행사한 전세권저당권자에게 상계 등으로 대항할 수 없다(대법원 2008. 3. 13. 선고 2006다29372 판결).
10. 전세금반환채권은 전세권이 성립하였을 때부터 이미 발생이 예정되어 있다고 볼 수 있으므로, 전세권저당권이 설정된 때에 이미 전세권설정자가 전세권자에 대하여 반대채권을 가지고 있고 반대채권의 변제기가 장래 발생할 전세금반환채권의 변제기와 동시에 또는 그보다 먼저 도래하는 경우와 같이 전세권설정자에게 합리적 기대 이익을 인정할 수 있는 경우에는 특별한 사정이 없는 한 전세권설정자는 반대채권을 자동채권으로 하여 전세금반환채권과 상계함으로써 전세권저당권자에게 대항할 수 있다(대법원 2014. 10. 27. 선고 2013다91672 판결).

제5장 형식적 경매

Ⅰ. 의의

형식적 경매는 청구권의 만족·보전을 목적으로 하지 않지만, 담보권실행으로서의 경매의 예에 의하는 현금화 절차이다. 법 274조(유치권 등에 의한 경매)는 민법 322조 1항에 의한 유치권에 의한 경매와 민법·상법, 그 밖의 법률이 규정하는 바에 따른 경매를 규정하고 있다. 형식적 경매절차는 목적물에 대하여 강제경매 또는 담보권실행을 위한 경매절차가 개시된 경우에는 이를 정지하고, 채권자 또는 담보권자를 위하여 그 절차를 계속하여 진행한다(법 274조 2항). 이 경우 강제경매 또는 담보권실행을 위한 경매가 취소되면 형식적 경매절차를 계속하여 진행해야 한다(법 274조 3항).

Ⅱ. 유치권에 의한 경매

유치권에 의한 경매도 강제경매나 담보권실행을 위한 경매와 마찬가지로 목적부동산 위에 설정된 제한물권 등의 부담을 소멸시키는 것을 법정매각조건으로 하여 실시되고, 우선채권자뿐만 아니라 일반채권자의 배당요구도 허용되며, 유치권자는 일반채권자와 동일한 순위로 배당을 받을 수 있다.

그런데, 유치권에 의한 경매절차는 목적물에 대한 강제경매절차 또는 임의경매 절차가 개시된 경우에 정지되므로(법 제274조 제2항), 유치권에 의한 경매절차가 소멸주의를 원칙으로 진행되는 것과 달리 강제경매 또는 임의경매가 진행되는 경우 유치권자는 인수주의가 적용되어 소멸되지 않고, 목적물을 계속하여 유치한다. 따라서, 매수인은 유치권자로부터 인도받기 위하여 변제할 책임이 있으므로(법 제91조 5항, 제268조) 유치권자는 매수인으로부터 사실상 우선변제를 받게 된다. 왜냐하면, 매수인은 인도받기 위하여 피담보채권액을 변제할 것이기 때문이다.

▍관련판례

1. 유치권에 의한 경매가 소멸주의를 원칙으로 하여 진행되는 이상 강제경매나 담보권 실행을 위한 경매의 경우와 같이 목적부동산 위의 부담을 소멸시키는 것이므로 집행법원이 달리 매각조건 변경결정을 통하여 목적부동산 위의 부담을 소멸시키지 않고 매수인으로 하여금 인수하도록 정하지 않은 이상 집행법원으로서는 매각기일 공고나 매각물건명세서에 목적부동산 위의 부담이 소멸하지 않고 매수인이 이를 인수하게 된다는 취지를 기재할 필요없다(대법원 2011. 6. 15. 자 2010마1059 결정).

2. 유치권에 의한 경매절차가 개시된 유체동산에 대하여 유치권자의 승낙 없이 민사집행법 제215조에 따라 다른 채권자가 강제집행을 위하여 압류를 한 다음 민사집행법 제274조 제2항에 따라 유치권에 의한 경매절차를 정지하고 채권자를 위한 강제경매절차를 진행하였다면, 그 강제경매절차에서 목적물이 매각되었더라도 유치권자의 지위에는 영향을 미칠 수 없고 유치권자는 그 목적물을 계속하여 유치할 권리가 있다고 보아야 한다(대법원 2012. 9. 13. 자 2011그213 결정).

Chapter 04 보전처분

제1장 일반론

I. 보전처분의 의의

좁은 의미의 보전처분은 민사집행법상의 가압류와 가처분의 재판과 그 집행절차를 말한다. 넓은 의미의 보전처분은 특수보전처분 특히 특수가처분을 포함한다. 보전처분에 관하여 민사집행법에서 규율하고 있다. 보전처분에서 가처분 가운데 다툼의 대상에 관한 가처분(처분금지가처분, 점유이전금지가처분)은 소송승계주의를 채택하고 있는 우리나라에서 당사자 항정의 의미를 지닌다. 이는 소송물이 채권적청구권인 경우 승계인에게 기판력이 미치지 않은 부분을 보완하는 제도로 활용도가 매우 높다.

종류	피보전권리	대상	내용
가압류 (민집 제276조)	금전채권	일반재산(피보전권리의 내용과 무관) ex) 부동산, 채권	현상 동결 (장래의 위험 방지, 피고의 항정효)
다툼의 대상에 관한 가처분 (민집 제300조 제1항)	금전 이외 특정 물건이나 권리에 관한 청구권	특정 물건이나 권리	가압류와 동일
임시의 지위를 정하기 위한 가처분 (민집 제300조 제2항)	다툼 있는 권리 또는 법률관계(현저한 손해, 급박한 위험)	특정 물건이나 권리	새로운 권리관계 잠정적 형성 or 현상 변경 (현재의 위험방지) ex) 공사중지가처분, 직무집행정지가처분

II. 보전처분의 특성

1. 잠정성

보전처분은 권리관계를 잠정적으로 확보하거나 임시적인 규율을 한다.

> **▮ 관련판례**
>
> 가처분의 피보전권리는 채무자가 소송과 관계없이 스스로 의무를 이행하거나 본안소송에서 피보전권리가 존재하는 것으로 판결이 확정됨에 따라 채무자가 의무를 이행한 때에 비로소 법률상 실현되는 것이어서, 채권자의 만족을 목적으로 하는 이른바 단행가처분의 집행에 의하여 피보전권리가 실현된 것과 마찬가지의 상태가 사실상 달성되었다 하더라도 그것은 어디까지나 임시적인 것에 지나지 않으므로, 가처분이 집행됨으로써 그 목적물이 채권자에게 인도된 경우에도 본안소송의 심리에서는 그와 같은 임시적, 잠정적 이행상태를 고려함이 없이 그 목적물의 점유는 여전히 채무자에게 있는 것으로 보아야 한다. 따라서, 토지와 건물의 소유권에 기하여 점유자 등을 상대로 그 인도를 구하는 소송에서, 원고가 제1심 변론종결 전에 가처분 결정을 받아 집행하여 이를 인도받아 건물을 철거한 후에도 건물인도청구 부분의 소를 그대로 유지했다면 법원은 건물의 멸실을 고려함이 없이 그 청구의 당부를 판단해야 한다(대법원 2007. 10. 25. 선고 2007다29515 판결).

2. 신속성

보전처분의 재판시 필수적 변론을 요구하지 않고, 보전처분의 재판은 모두 결정의 형식으로 한다. 이를 전면적 결정주의라고 한다.

3. 밀행성

보전처분의 재판은 서면 심리할 수 있고 보전명령의 송달 전에도 집행이 가능하다. 다만, 채무자에 대한 절차보장을 고려하여 임시의 지위를 정하기 위한 가처분의 경우에는 변론기일 또는 채무자가 참석할 수 있는 심문기일을 반드시 열도록 하고 있다(법 304조).

4. 부수성

보전처분의 절차에서 본안소송의 전제를 예정한 부수적 절차인 채무자의 제소명령신청제도(법 287조 1항), 본안제소기간(3년)의 도과에 따른 보전처분취소제도(법 288조 1항. 4항), 관할법원 중 본안관할법원(법 278조, 303조), 가압류이의 신청사건의 본안법원으로의 재량이송제도(법 284조), 사정변경(본안패소판결)에 따른 보전처분의 취소(법 288조) 등의 제도를 두고 있다.

5. 자유재량성

보전처분의 재판에서 변론을 열 것인지 여부는 임의적이며, 담보제공 여부와 그 제공의 방법 및 액수에서 재량이 인정된다. 가처분의 경우 법원은 신청의 목적을 이루는 데 필요한 처분을 직권으로 정할 수 있는 등(법 305조) 비송적 성질도 가미되어 있다.

> **▎관련판례**
>
> 부동산등기법(1983.12.31. 법률 제3692호로 개정되기 전의 것)제37조 제2항의 가등기가처분은 통상의 민사소송법상의 가처분과는 그 성질을 달리하는 것이므로, 이러한 가등기가처분은 민법 제168조 제2호에서 말하는 소멸시효의 중단사유의 하나인 가처분에 해당한다고 할 수 없다 할 것인 바, 원고가 이 사건 부동산에 관하여 가등기가처분결정을 받아 그 가등기를 경료하였으므로 그 가등기에 기한 본등기청구권에 관한 소멸시효는 중단되었다는 원고의 재항변을 배척한 원심의 조치는 정당하다(대법원 1993. 9. 14. 선고 93다16758 판결).

III. 부당한 보전처분으로 인한 손해배상청구

부당한 보전처분에 의하여 채무자에게 손해가 발생했을 경우의 불법행위책임과 관련된 주요 쟁점은 배상책임이 발생하는가에 있다. 손해 인정 여부와 관련하여 부동산에 대한 가압류의 집행이 이루어졌다고 하더라도 채무자가 여전히 목적물의 이용 및 관리의 권한을 보유하고 있을 뿐더러(83조 2항), 가압류의 처분금지적 효력은 상대적인 것에 불과하기 때문에 부동산이 가압류되었더라도 채무자는 그 부동산을 매매하거나 기타의 처분행위를 할 수 있고, 가압류채권자에 대한 관계에서만 처분행위의 유효를 주장할 수 없을 뿐이며, 다른 한편 가압류는 언제든지 해방공탁에 의하여 그 집행취소를 구할 수 있는 것이므로, 부동산에 대한 가압류의 집행이 부당하게 유지되었다고 하더라도 다른 특별한 사정이 없는한, 그 가압류는 부동산을 처분함에 있어서 법률상의 장애가 될 수는 없다.

다만, 가압류가 집행된 부동산을 매수하려는 자로서는 그 부동산의 소유권을 완전하게 취득하지 못하게 될 위험을 고려하여 당해 부동산의 매수를 꺼리게 됨으로써 결과적으로 가압류가 집행된 부동산의 처분이 곤란하게 될 사실상의 개연성은 있을 수 있다고 할 것인데, 만일 어떤 부동산에 관한 가압류 집행이 있었고, 그 가압류 집행이 계속된 기간 동안 당해 부동산을 처분하지 못하였으며, 나아가 주위 부동산들의 거래상황 등에 비추어 그와 같이 부동산을 처분하지 못한 것이 당해 가압류의 집행으로 인하였을 것이라는 점이 입증된다면, 달리 당해 부동산의 처분 지연이 가압류의 집행 이외의 사정 등 가압류채권자 측에 귀책사유 없는 다른 사정으로 인한 것임을 가압류채권자 측에서 주장·입증하지 못하는 한, 그 가압류와 당해 부동산의 처분지연 사이에는 상당인과관계가 인정된다(대법원 2002. 9. 6. 선고 2000다71715 판결).

그리고 보전처분의 집행 후에 본안소송에서 패소확정되었다면 그 집행으로 인하여 채무자가 입은 손해에 대하여는 특별한 반증이 없는 한 집행채권자에게 고의 또는 과실이 있다고 추정되고, 부당한 집행으로 인한 손해에 대하여 이를 배상할 책임이 있고, 부당한 보전처분으로 인한 손해배상책임이 성립하기 위하여 일반적인 불법행위의 성립에 있어서 필요한 고의 또는 과실 이외에 오로지 채무자에게 고통을 주기 위하여 보전처분을 하였다는 점까지 필요한 것은 아니다(대법원 1999. 4. 13. 선고 98다52513 판결).

제2장 가압류절차

제1절 일반론

I. 의의

가압류는 채권자의 금전채권을 보전하기 위하여 채무자의 책임재산을 동결하기 위함이다. 그 대상으로는 동산, 채권, 그 밖의 재산권, 부동산이 될 수 있다.

II. 요건

피보전권리는 금전채권이나 적어도 금전으로 환산할 수 있는 채권이어야 한다. 피보전권리와 본안소송의 소송물이 청구의 기초의 동일성이 인정되는 한 그 가압류의 효력은 본안소송의 권리에 미친다. 가압류신청은 긴급한 필요에 따른 것으로서 피보전권리의 법률적 구성과 증거관계를 충분하게 검토·확정할 만한 시간적 여유가 없이 이루어지는 것이 통상적이다. 따라서, 보전처분의 피보전권리와 본안소송의 소송물인 권리는 엄격히 일치함을 요하지 않으며 청구 기초의 동일성이 인정되는 한 그 보전처분에 의한 보전의 효력은 본안소송의 권리에 미친다(대법원 2006. 11. 24. 선고 2006다35223 판결).

제2절 가압류명령절차

I. 관할

가압류는 가압류할 물건이 있는 곳을 관할하는 지방법원이나 본안의 관할법원이 관할한다(법 278조). 본안소송이 제기되어 계속될 경우에 본안의 관할법원이란 본안소송이 제1심법원에 계속 중이면 그 제1심법원이고, 본안소송이 항소심에 계속 중이면 그 항소법원을 말한다. 다만, 본안소송이 상고심에 계속 중이면 제1심법원이 본안의 관할법원이다(법 제311조).

II. 가압류신청

1. 당사자능력

가압류 신청 당시 채무자가 사망한 경우 이에 대한 가압류결정은 무효이다. 가압류 신청시 생존하였으나 가압류결정 당시 사망한 경우에는 가압류결정은 유효하다.

> ▌관련판례
> 1. 사망한 사람을 피신청인으로 한 가압류신청은 부적법하고 그 신청에 따른 가압류결정이 내려졌다고 하여도 그 결정은 당연 무효로서 그 효력이 상속인에게 미치지 않으며, 이러한 당연무효의 가압류는 민법 제168조 제1호에 정한 소멸시효의 중단사유에 해당하지 않는다(대법원 2006. 8. 24. 선고 2004다26287 판결).

2. 당사자 쌍방을 소환하여 심문절차를 거치거나 변론절차를 거침이 없이 채권자 일방만의 신청에 의하여 바로 내려진 처분금지가처분결정은 신청 당시 채무자가 생존하고 있었던 이상 그 결정 직전에 채무자가 사망함으로 인하여 사망한 자를 채무자로 하여 내려졌다고 하더라도 이를 당연무효라고 할 수 없다(대법원 1993. 7. 27. 선고 92다48017 판결).

2. 가압류신청의 방식

가압류신청은 서면으로 한다(규칙 203조 1항). 신청서에 붙일 인지액은 1만원이다.

3. 가압류신청의 효력

부동산, 유체동산 및 채권 등에 대한 가압류의 경우 가압류신청시에 시효중단의 효력이 발생한다.

▎관련판례

1. 민법 제168조 제2호에서 가압류를 시효중단사유로 정하고 있지만, 가압류로 인한 시효중단의 효력이 언제 발생하는지에 관해서는 명시적으로 규정되어 있지 않다. 민사소송법 제265조에 의하면, 시효중단사유 중 하나인 '재판상의 청구'(민법 제168조 제1호, 제170조)는 소를 제기한 때 시효중단의 효력이 발생한다. 이는 소장 송달 등으로 채무자가 소 제기 사실을 알기 전에 시효중단의 효력을 인정한 것이다. 가압류에 관해서도 위 민사소송법 규정을 유추적용하여 '재판상의 청구'와 유사하게 가압류를 신청한 때 시효중단의 효력이 생긴다(대법원 2017. 4. 7. 선고 2016다35451 판결).

2. 민법 제168조에서 가압류를 소멸시효의 중단사유로 정하고 있는 것은 가압류에 의하여 채권자가 권리를 행사하였다고 할 수 있기 때문이고 가압류에 의한 집행보전의 효력이 존속하는 동안은 가압류채권자에 의한 권리행사가 계속되고 있다고 보아야 할 것이므로 가압류에 의한 시효중단의 효력은 가압류의 집행보전의 효력이 존속하는 동안 계속되고, 가압류등기가 말소된 때 그 중단사유가 종료되어, 그때부터 새로 소멸시효가 진행한다(대법원 2013. 11. 14. 선고 2013다18622 판결).

3. 원인채권의 지급을 확보하기 위하여 어음이 수수된 당사자 사이에서 채권자가 어음채권을 피보전권리로 하여 채무자의 재산을 가압류함으로써 그 권리를 행사한

경우에는 그 원인채권의 소멸시효를 중단시키는 효력을 인정하고 있다. 그러나, 이미 소멸시효가 완성된 후에는 그 채권이 소멸하고 시효중단을 인정할 여지가 없으므로, 가압류 결정 이전에 이미 피보전권리인 어음채권의 시효가 완성되어 소멸한 경우에는 그 가압류 결정에 의하여 그 원인채권의 소멸시효를 중단시키는 효력을 인정할 수 없다(대법원 2007. 9. 20. 선고 2006다68902 판결).

4. 채권압류의 효력발생 전에 채무자가 채권을 처분한 경우에는 그보다 먼저 압류한 채권자가 있어 그 채권자에게는 대항할 수 없는 사정이 있더라도 처분 후에 집행에 참가하는 채권자에 대하여는 처분의 효력을 대항할 수 있는 것이므로, 채무자가 압류 또는 가압류의 대상인 채권을 양도하고 확정일자 있는 통지 등에 의한 채권양도의 대항요건을 갖추었다면, 그 후 채무자의 다른 채권자가 양도된 채권에 대하여 압류 또는 가압류를 하더라도 압류 또는 가압류 당시에 피압류채권은 이미 존재하지 않는 것과 같아 압류 또는 가압류로서의 효력이 없다(대법원 2022. 1. 27. 선고 2017다256378 판결).

5. 채권자가 가분채권의 일부분을 피보전권리인 청구채권으로 주장하여 채무자 소유의 재산에 대하여 가압류를 한 경우에는 그 청구채권 부분에만 시효중단의 효력이 있고, 가압류로 보전되는 청구채권에 포함되지 아니한 나머지 채권에 대하여는 시효중단의 효력이 발생할 수 없다. 가압류 청구금액으로 채권의 원금만이 기재되어 있다면 가압류채권자가 가압류채무자에 대하여 원본채권 외에 그에 부대하는 이자 또는 지연손해금 채권을 가지고 있다고 하더라도 청구금액에 포함되지 않은 부대채권에 대하여는 시효중단의 효력이 발생할 수 없다(대법원 2024. 10. 25. 선고 2024다233212 판결).

4. 가압류신청의 취하

가압류신청은 취하할 수 있다. 가압류신청의 취하에 의하여 가압류로 인한 소멸시효중단의 효력이 소급적으로 상실된다.

▌ 관련판례

민법 제168조 제2호에 '압류 또는 가압류, 가처분'을 소멸시효의 중단사유로 규정하고 있고, 민법 제175조에 "압류, 가압류 및 가처분은 권리자의 청구에 의하여 또는 법률의 규정에 따르지 아니함으로 인하여 취소된 때에는 시효중단의 효력이 없다"라고 규정하고 있다. 여기서 '권리자의 청구에 의하여 취소된 때'라고 함은 권리자가 압류, 가압류 및 가처분의 신청을 취하한 경우를 말하고, '시효중단의 효력이 없다'라고 함은 소멸시효 중단의 효력이 소급적으로 상실된다는 것을 말한다. 한편 금전채권에 대한 압류명령과 그 현금화 방법인 추심명령을 동시에 신청하더라도 압류명령과 추심명령은 별개로서 그 적부는 각각 판단하여야 하고, 그 신청의 취하 역시 별도로 판단하여야 한다. 채권자는 추심명령에 따라 얻은 권리를 포기할 수 있지만(민집법 제240조 제1항) 추심권의 포기는 압류의 효력에는 영향을 미치지 아니하므로, 추심권의 포기만으로는 압류로 인한 소멸시효 중단의 효력은 상실되지 아니하고 압류명령의 신청을 취하하면 비로소 소멸시효 중단의 효력이 소급하여 상실된다(대법원 2014. 11. 13. 선고 2010다63591 판결).

III. 심리 및 재판

1. 심리

원칙적으로 서면심리로 한다. 가압류절차에서는 판결절차에서 요구되는 증명이 아니라 소명으로 족하다.

2. 재판

가압류신청에 대한 재판은 결정으로 한다. 변론을 거친 경우에도 결정으로 하며, 가압류결정의 판단은 판사의 업무이지 사법보좌관의 업무가 아니다.

제3절 가압류재판에 대한 불복절차

I. 즉시항고

가압류신청을 각하·기각하는 결정에 대해서는 즉시항고할 수 있다(법 281조 2항).

II. 이의신청

가압류결정에 대해서는 이의신청(가압류이의신청)을 할 수 있다(법 283조 1항). 채권가압류의 경우 제3채무자는 당사자가 아니며 채무자가 제3채무자에 대한 채권이 없다면 채권가압류결정에 의하여 법률상 불이익을 받을 지위에 있다고 할 수 없으므로 가압류에 대하여 이의를 신청할 아무런 이익이 없다. 그리고, 가압류 신청시 이미 죽은 사람을 채무자로 한 가압류 결정은 무효이므로 그 효력이 상속인에게 미치지 않는다. 이러한 당연무효의 가압류는 민법 제168조 제2호에서 정한 소멸시효 중단사유에 해당하지 않는다. 이러한 가압류는 원칙적으로 이의신청의 대상이 되지 않으나 가압류결정으로 생긴 외관을 제거하기 위하여 가압류이의신청으로써 그 취소를 구할 수 있다(대법원 2002. 4. 26. 선고 2000다30578 판결).

III. 취소신청

가압류결정에 대한 취소신청은 유효하게 이루어진 가압류결정에 대하여 그 후에 생긴 사정을 이유로 실효시키기 위한 것이다. 가압류결정 당시의 사유가 아니라 현재 보전처분을 유지할 수 없는 후발적 사유에 의한 취소신청으로 이해하면 된다. 가압류가 집행된 뒤에 3년간 본안의 소를 제기하지 않은 경우 채무자 또는 이해관계인의 신청에 의하여 가압류 결정을 취소할 수 있다(법 288조 1항 3호, 288조 1항 후문). 종래 가압류가 집행된 뒤에 10년간에서 5년, 2005년 개정에서 3년간으로 단축했다. 3년이 지난 뒤에 본안소송이 제기되어도 취소할 수 있다.

▌관련판례

1. 민사집행법 제287조에 규정된 본안의 소의 부제기 등에 의한 가압류취소는 채권자에게 본안의 소를 제기할 것을 명하고 채권자가 본안의 소를 제기하였다는 등을 증명하는 서류를 일정한 기간 이내에 제출하지 아니한 때에 가압류명령을 취소하는 제도로서, 제소명령에 정하여진 기간 이내에 본안의 소를 제기하지 아니하거나 본안의 소가 계속되고 있지 아니한 때는 물론이고 정하여진 기간 이내에 본안의 소가 제기되었거나 이미 소를 제기하여 계속되고 있었음에도 불구하고 채권자가 그러한 사실을 증명하는 서류를 기간 이내에 법원에 제출하지 아니한 경우에도 법원은 가압류명령을 취소하여야 하고, 그 기간이 지난 뒤에 증명서류를 제출하였다고 하더라도 마찬가지이다(대법원 2003. 6. 18. 자 2003마793 결정).
2. 보전처분을 집행한 때부터 10년이 경과할 때까지 채권자가 본안의 소를 제기하지 않은 경우에는 채무자가 보전처분 취소소송을 제기하여 그 취소를 구할 수 있다는 것에 불과하고, 보전처분 집행 후 10년간 본안소송이 제기되지 아니하였다고 하여 보전처분 취소판결 없이도 보전처분의 효력이 당연히 소멸되거나, 보전처분 취소판결이 확정된 때에 보전처분 집행시부터 10년이 경과된 시점에 소급하여 보전처분의 효력을 소멸하게 하는 것으로는 볼 수 없다(대법원 2004. 4. 9. 선고 2002다58389 판결).

3. 제3호 사유는 가압류가 집행되기 전까지 본안의 소가 제기되지 않은 경우에 한하여 적용되는 가압류취소 사유이므로, 가압류채권자가 가압류 집행 전에 이미 본안의 소에 관한 확정판결을 받은 경우에는 비록 가압류가 집행된 뒤에 3년간 다시 본안의 소를 제기하지 않았다고 하더라도, 가압류채무자에 의하여 가압류채권자의 보전의사가 포기 또는 상실되었다는 점이 주장·소명되어 제1호 사유에 해당할 여지가 있음은 별론으로 하고, 특별한 사정이 없는 한 제3호 사유에 해당한다고는 볼 수 없다(대법원 2023. 10. 20. 자 2020마7039 결정).

Ⅳ. 가압류의 유용

가압류의 피보전권리가 소멸되었거나 또는 존재하지 아니함이 본안소송에서 확정된 경우에는 민사집행법 제288조 소정의 사정변경에 따른 가압류 취소사유가 되는 것이며, 이 경우 그 가압류를 그 피보전권리와 다른 권리의 보전을 위하여 유용할 수 없다. 예컨대, 갑이 을에 대하여 직접 가지는 손해배상채권을 피보전권리로 한 가압류결정을, 병이 을에 대하여 가지는 손해배상채권을 보전하기 위한 것으로 유용할 수 없고, 이혼을 원인으로 한 위자료청구채권을 피보전권리로 하는 가압류를 재산분할로 인한 금전지급청구권에까지 유용할 수 없다.

제4절 가압류집행

Ⅰ. 의의

가압류결정의 효력은 원칙적으로 그 재판이 고지된 때에 발생한다. 가압류결정이 채무자에게 송달되기 전에 집행을 하게 되면 채무자는 그 집행에 의하여 가압류결정의 내용을 알게 되므로 그때에 효력이 생긴다.

Ⅱ. 집행요건에 관한 특칙

가압류결정은 명령 즉시 집행력이 생기는 집행권원으로, 가집행선고를 붙일 수 없다. 집행문은 원칙적으로 불필요하나, 경우에 따라 승계집행문은 필요할 수 있다. 채무자가 미리 보전처분의 내용을 알고 그 집행을 피하는 수단을 강구하는 것을 막기 위하여 집행착수 후에 채무자에게 송달한다. 채권자에게 결정을 고지한 날부터 2주 내에 집행에 착수해야 하고, 위 기간을 집행기간이라고 한다(제292조 제2항).

III. 가압류집행의 방법

부동산에 대한 가압류집행은 촉탁에 의한 기입등기로 한다(제293조 제1항). 유체동산에 대한 가압류집행은 별도로 집행관에게 집행위임을 한다. 채권 그 밖의 재산권의 가압류집행은 별도의 집행신청 없이 가압류명령과 동시에 집행에 착수한다.

> **관련판례**
>
> 1. 근저당권이 있는 채권이 가압류되는 경우, 근저당권설정등기에 부기등기의 방법으로 그 피담보채권의 가압류사실을 기입등기하는 목적은 근저당권의 피담보채권이 가압류되면 담보물권의 수반성에 의하여 종된 권리인 근저당권에도 가압류의 효력이 미치게 되어 피담보채권의 가압류를 공시하기 위한 것이므로, 만일 근저당권의 피담보채권이 존재하지 않는다면 그 가압류명령은 무효라고 할 것이고, 근저당권을 말소하는 경우에 가압류권자는 등기상 이해관계 있는 제3자로서 근저당권의 말소에 대한 승낙의 의사표시를 하여야 할 의무가 있다(대법원 2004. 5. 28. 선고 2003다70041 판결).
>
> 2. 소유권이전등기청구권에 대한 압류나 가압류는 채권에 대한 것이지 등기청구권의 목적물인 부동산에 대한 것이 아니고, 채무자와 제3채무자에게 그 결정을 송달하는 외에 현행법상 등기부에 이를 공시하는 방법이 없는 것으로서, 당해 채권자와 채무자 및 제3채무자 사이에만 효력이 있을 뿐 압류나 가압류와 관계가 없는 제3자에 대하여는 압류나 가압류의 처분금지적 효력을 주장할 수 없게 되므로, <u>소유권이전등기청구권의 압류나 가압류는 청구권의 목적물인 부동산 자체의 처분을 금지하는 대물적 효력은 없고</u>, 또한 채권에 대한 가압류가 있더라도 이는 채무자가 제3채무자로부터 현실로 급부를 추심하는 것만을 금지하는 것이므로 채무자는 제3채무자를 상대로 그 이행을 구하는 소송을 제기할 수 있고 법원이 가압류가 되어 있음을 이유로 이를 배척할 수는 없는 것이지만, 소유권이전등기를 명하는 판결은 의사의 진술을 명하는 판결로서 이것이 확정되면 채무자는 일방적으로 이전등기를 신청할 수 있고 제3채무자는 이를 저지할 방법이 없게 되므로 위와 같이 볼 수는 없고 이와 같은 경우에는 <u>가압류의 해제를 조건으로 하지 않는 한 법원은 이를 인용하여서는 안되는</u> 것이며, 가처분이 있는 경우도 이와 마찬가지로 그 가처분의 해제를 조건으로 하여야만 소유권이전등기절차의 이행을 명할 수 있다(대법원 1999. 2. 9. 선고 98다42615 판결).

3. 소유권이전등기청구권에 대한 압류가 있으면 그 변제금지의 효력에 의하여 제3채무자는 채무자에게 임의로 이전등기를 이행하여서는 아니 되는 것이나, 그와 같은 압류는 채권에 대한 것이지 등기청구권의 목적물인 부동산에 대한 것이 아니고, 채무자와 제3채무자에게 결정을 송달하는 외에 현행법상 등기부에 이를 공시하는 방법이 없는 것으로서 당해 채권자와 채무자 및 제3채무자 사이에만 효력을 가지며, 제3자에 대하여는 압류의 변제금지의 효력을 주장할 수 없으므로 소유권이전등기청구권의 압류는 청구권의 목적물인 부동산 자체의 처분을 금지하는 대물적 효력은 없어서 제3채무자나 채무자로부터 이전등기를 경료한 제3자에 대하여는 취득한 등기가 원인무효라고 주장하여 말소를 청구할 수 없고, 제3채무자가 압류결정을 무시하고 이전등기를 이행하고 채무자가 다시 제3자에게 이전등기를 경료하여 준 결과 채권자에게 손해를 입힌 때에는 불법행위를 구성하고 그에 따른 배상책임을 지게 된다(대법원 2002. 10. 25. 선고 2002다39371 판결, 대법원 2022. 12. 15. 선고 2022다247750 판결).

Ⅳ. 가압류집행의 효력

1. 의의

가압류가 집행되면 채무자는 가압류목적물을 처분해서는 안 된다(처분금지적 효력). 처분행위란 해당 부동산을 양도하거나 이에 대해 용익물권, 담보물권 등을 설정하는 행위를 말하고, 점유의 이전과 같은 사실행위는 이에 해당되지 않는다.

또한, 채권가압류결정이 채무자에게 송달된 뒤에 채권자로부터 채무자에 대한 채권을 양도받은 사람(양수인)도 제3채무자를 상대로 이행의 소를 제기할 수 있다(대법원 2000. 4. 11. 선고 99다23888 판결). 왜냐하면, 채권에 대한 가압류에서 일반적으로 채권에 대한 가압류가 있더라도 이는 채무자가 제3채무자로부터 현실로 급부를 추심하는 것만을 금지하는 것일 뿐 채무자는 제3채무자를 상대로 그 이행을 구하는 소송을 제기할 수 있고 법원은 가압류가 되어 있음을 이유로 이를 배척할 수는 없기 때문이다.

▎ 관련판례

부동산에 가압류등기가 경료되어 있을 뿐 현실적인 매각절차가 이루어지지 않고 있는 상황하에서는 채무자의 점유이전으로 인하여 제3자가 유치권을 취득하게 된다고 하더라도 이를 처분행위로 볼 수는 없다(대법원 2011. 11. 24. 선고 2009다19246 판결).

2. 가압류집행의 효력에 반하는 처분행위를 한 경우의 효력

가. 가압류의 상대적 효력

가압류채무자가 가압류의 처분금지적 효력에 반하여 일정한 처분을 하는 경우에는 그 처분행위가 절대적으로 무효가 되는 것은 아니며, 가압류채권자에 대해서만 상대적으로 무효가 된다(가압류의 상대적 효력). 즉, 처분행위의 당사자인 채무자와 제3취득자 사이에서는 그 거래행위가 전적으로 유효하고 가압류채권자 및 처분행위 전에 집행에 참가한 자에 대한 관계에서만 이를 주장할 수 없다. 그렇다면, 채권가압류의 처분금지적 효력은 본안소송에서 가압류채권자가 승소하여 집행권원을 얻는 등으로 피보전권리의 존재가 확정되는 것을 조건으로 하여 발생한다. 따라서, 채권가압류결정의 채권자가 본안소송에서 승소하는 등으로 집행권원을 취득하는 경우에는 가압류에 의하여 권리가 제한된 상태의 채권을 양수받은 양수인에 대한 채권양도는 가압류권자와의 사이에서 상대적 무효가 되는 것이다(대법원 2002. 4. 26. 선고 2001다59033 판결).

나. 가압류의 개별상대효

(1) 의의

가압류에 반하는 처분행위는 해당 가압류채권자 및 처분행위 전에 집행에 참가한 자에 대한 관계에서만 무효일 뿐 처분행위 후에 집행에 참가한 채권자에 대해서는 그 처분의 유효를 주장할 수 있다. 다만, 이러한 가압류의 처분제한의 효력은 가압류채권자의 이익보호를 위하여 인정되는 것이므로 가압류채권자는 그 처분행위의 효력을 예외적으로 긍정할 수도 있다(대법원 2007. 1. 11. 선고 2005다47175 판결).

(2) 가압류집행 후 가압류목적물에 대한 저당권의 취득과 개별상대효

가압류 집행 후 가압류목적물에 대하여 저당권을 취득한 자는 가압류채권자와 같은 순위로 배당을 받는다. 가압류의 처분금지적 효력에 반하는 담보권의 경우 담보권자는 가압류채권자에 대하여 우선변제권을 주장할 수 없다. 저당권자보다 후순위 일반채권자도 배당요구를 하였을 경우에는 위 세 사람에게 안분배당을 한 후 담보물권자가 후순위 일반채권자의 배당을 흡수한다(안분 후 흡수배당).

(3) 가압류집행 후 가압류목적물의 양도와 개별상대효

　가압류집행 후 가압류목적물의 소유권이 제3자에게 양도된 경우 가압류채권자는 집행권원을 얻어 제3취득자(신소유자)가 아닌 가압류채무자(전소유자)를 집행채무자로 하여 그 가압류를 본압류로 이전하는 강제집행을 실행할 수 있다. 이 경우 가압류의 처분금지적 효력이 미치는 객관적 범위(물적 범위)인 가압류결정 당시의 청구금액의 한도 안에서만 집행채무자인 가압류채무자의 책임재산에 대한 강제집행을 할 수 있고, 나머지 부분은 제3취득자(신소유자)의 재산에 대한 매각절차이므로, 양도 전에 목적물을 압류 또는 가압류한 채권자들에게 먼저 배당하여 이들이 모두 만족을 받고 난 나머지가 있으면 제3취득자에게 교부하여야 한다. 따라서, 제3취득자에 대한 채권자는 그 매각절차에서 배당요구를 통하여 제3취득자가 배당받을 금액의 범위 내에서 제3취득자의 재산매각대금 부분으로부터 배당을 받을 수 있다.

　만약, 가압류집행 후 가압류목적물의 소유권이 제3자에게 양도된 경우 그 제3자의 소유권취득은 가압류에 의한 처분금지적 효력 때문에 그 집행보전의 목적을 달성하는 데 필요한 범위 안에서 가압류채권자에 대한 관계에서만 상대적으로 무효이고, 가압류채무자의 다른 채권자에 대한 관계에서는 유효하므로, 집행권원을 얻은 가압류채권자의 신청에 의하여 제3자의 소유권취득 후 해당 부동산에 대하여 개시된 강제경매절차에서 전소유자인 가압류채무자에 대한 다른 채권자는 해당 부동산의 매각대금의 배당에 참가할 수 없다. 양도된 뒤에는 가압류채무자의 소유가 아니기 때문이다.

V. 가압류집행의 취소

　채권자의 신청에 의하여 가압류집행이 취소되었다면, 다른 특별한 사정이 없는 한 가압류에 의한 소멸시효중단의 효력은 소급적으로 소멸된다.

■ 관련판례

1. 금전채권의 보전을 위하여 채무자의 금전채권에 대하여 가압류가 행하여진 경우에 그 후 채권자의 신청에 의하여 그 집행이 취소되었다면, 다른 특별한 사정이 없는 한 가압류에 의한 소멸시효 중단의 효과는 소급적으로 소멸된다. 민법 제175조는 가압류가 '권리자의 청구에 의하여 취소된 때에는' 소멸시효 중단의 효력이 없다고 정한다. 가압류의 집행 후에 행하여진 채권자의 집행취소 또는 집행해제의 신청은 실질적으로 집행신청의 취하에 해당하고, 이는 다른 특별한 사정이 없는 한 가압류 자체의 신청을 취하하는 것과 마찬가지로 그에게 권리행사의 의사가 없음을 객관적으로 표명하는 행위로서 위 법 규정에 의하여 시효중단의 효력이 소멸한다. 이러한 점은 위와 같은 집행취소의 경우 그 취소의 효력이 단지 장래에 대하여만 발생한다는 것에 의하여 달라지지 아니한다(대법원 2010. 10. 14. 선고 2010다53273 판결).

2. 상소는 자기에게 불이익한 재판에 대하여 유리하도록 그 취소·변경을 구하는 것이므로, 채권자는 제1심결정의 내용이 불이익하다면 항고를 통해 그 취소를 구할 수 있다. 이때 원래의 가압류결정에 기한 가압류등기가 이미 말소되었더라도, 가압류취소결정을 취소하는 항고법원의 결정을 집행하는 것이 불가능한 경우가 아니라면 항고의 이익이 있다(대법원 2022. 4. 28. 자 2021마7088 결정).

VI. 본집행으로의 이행

가압류채권자가 본안에서 승소하여 집행권원을 취득하거나 조건·기한을 갖춘 때에 가압류는 본집행으로 이행한다. 본집행으로의 이행시점은 채권자의 본집행 신청시이다. 가압류집행이 있은 후 그 가압류가 강제경매개시결정으로 인하여 본압류(본집행)로 이행된 경우, 가압류집행의 결과가 본압류에 포섭되므로 당초부터 본집행이 있었던 것과 같은 효력이 생긴다(대법원 2010. 10. 14. 선고 2010다48455 판결).

제3장 가처분절차

제1절 일반론

I. 의의

가처분은 금전채권 이외의 특정급여청구권을 보전하거나 다툼이 있는 권리관계에 대하여 하는 보전처분이다. 가처분에는 크게 다툼의 대상에 관한 가처분과 임시의 지위를 정하기 위한 가처분이 있다. 임시의 지위를 정하기 위한 가처분은 보전처분의 성격 중, 잠정성에서 본안소송을 대체화하는 경향을, 부수성에서 본안소송을 생략하는 경향을, 신속성에서 가처분심리의 장기화의 경향을 보이는데 이와 같이 가처분이 본래의 목적을 넘어서 본안소송을 대신하여 통상의 권리구제수단이 되고 있는 경향을 '가처분의 본안화'라고 한다.

제2절 가처분명령절차

I. 가처분의 기본유형

1. 다툼의 대상에 관한 가처분

물건인도, 소유권이전등기, 특정물에 관한 작위·부작위, 의사의 진술 등의 청구권 등 장래 집행을 보전하기 위하여 현상유지를 명하는 가처분을 말한다. 여기에는 소송승계주의하에서 물건의 인도청구권의 집행보전을 위하여 하는 점유이전금지가처분과 목적물의 이행청구권의 집행확보를 목적으로 하는 처분금지가처분이 있다.

가. 점유이전금지가처분

점유이전금지가처분의 피보전권리는 목적물의 인도청구권이고, 본안소송은 인도청구소송이다. 점유이전금지가처분 후에 채무자가 제3자에게 점유를 이전한 경우 점유를 이전받은 제3자는 가처분채권자에게 대항할 수 없다. 즉, 가처분채권자는 채무자를 상대로 한 본안소송에서 승소한 후 이를 집행권원으로 하여 제3자에 대한 승계집행문을 받아 제3자에 대하여 인도집행할 수 있다. 결국, 점유이전금지가처분을 받아 두면 그 이후에 점유를 이전받은 사람은 가처분채권자에게 대항할 수 없게 되는 당사자항정의 효과가 발생하게 된다.

나. 처분금지가처분

부동산에 대한 처분금지가처분의 피보전권리는 일반적으로 목적물의 등기청구권이고, 본안소송은 등기청구소송이다. 처분금지가처분도 점유이전금지가처분과 같이 처분금지가처분 후 채무자로부터 목적물을 양수한 사람은 가처분채권자에게 대항할 수 없게 되어 본안소송 및 집행절차에서 당사자를 항정하는 효과를 갖는다. 참고로, 토지소유자가 불법건축물에 대한 건물철거를 위해서는 토지인도청구권을 피보전권리로 하는 점유이전금지가처분과, 건물철거청구권을 피보전권리로 하는 건물처분금지가처분을 하여야 토지인도 및 건물철거 본안소송에서 승소판결을 유효하게 집행할 수 있다.

> **▌ 관련판례**
> 1. 타인의 토지위에 건립된 건물로 인하여 그 토지의 소유권이 침해되는 경우 그 건물을 철거할 의무가 있는 사람은 그 건물의 소유권자나 그 건물이 미등기건물일 때에는 이를 매수하여 법률상, 사실상 처분할 수 있는 지위에 있는 사람이다. 점유이전금지가처분은 그 목적물의 점유이전을 금지하는 것으로서, 그럼에도 불구하고 점유가 이전되었을 때에는 가처분채무자는 가처분채권자에 대한 관계에 있어서 여전히 그 점유자의 지위에 있는 것일 뿐 목적물의 처분을 금지 또는 제한하는 것은 아니다(대법원 2010. 10. 14. 선고 2010다53273 판결).
> 2. 부동산처분금지가처분은 부동산에 대한 채무자의 소유권이전, 저당권, 전세권, 임차권의 설정 그 밖의 일체의 처분행위를 금지하는 가처분으로서, 자기 소유 토지 위에 채무자 소유 건물에 대한 철거청구권, 즉 방해배제청구권의 보전을 위해서도 할 수 있다. 채무자 소유 건물에 대한 철거청구권을 피보전권리로 한 가처분에도 불구하고 채무자가 건물을 처분하였을 때에는 이를 채권자에게 대항할 수 없으므로 채권자에 대한 관계에 있어서 채무자가 여전히 그 건물을 처분할 수 있는 지위에 있다고 볼 수 있다(대법원 2010. 10. 14. 선고 2010다53273 판결).

2. 임시의 지위를 정하기 위한 가처분

임시의 지위를 정하기 위한 가처분은 다툼 있는 권리관계에 관하여 특히 계속하는 권리관계에 대하여 채권자에게 끼칠 현저한 손해를 피하거나 급박한 위험을 막기 위하여 그 밖의 필요한 이유가 있을 때 발령하는 가처분이다(법 300조 2항).

가. 직무집행정지·직무대행자선임가처분

직무집행정지·직무대행자선임가처분은 다툼 있는 권리관계의 존재를 필요로 한다. 직무대행자의 선임은 법원의 자유재량이 허용되며, 법원은 일단 선임한 직무대행자가 부적당하다고 인정한 때에는 직권으로 언제든지 개임할 수 있다. 이사 직무집행정지가처분에서 피신청인적격은 그 성질상 해당 이사이고, 회사에게는 피신청인적격이 없다.

▎ 관련판례

1. 상법 제386조 제1항은 법률 또는 정관에 정한 이사의 원수를 결한 경우에는 임기의 만료 또는 사임으로 인하여 퇴임한 이사로 하여금 새로 선임된 이사가 취임할 때까지 이사의 권리의무를 행하도록 규정하고 있는바, 위 규정에 따라 이사의 권리의무를 행사하고 있는 퇴임이사로 하여금 이사로서의 권리의무를 가지게 하는 것이 불가능하거나 부적당한 경우 등 필요한 경우에는 상법 제386조 제2항에 정한 일시 이사의 직무를 행할 자의 선임을 법원에 청구할 수 있으므로, 이와는 별도로 상법 제386조 제1항에 정한 바에 따라 이사의 권리의무를 행하고 있는 퇴임이사를 상대로 해임사유의 존재나 임기만료·사임 등을 이유로 그 직무집행의 정지를 구하는 가처분신청은 허용되지 않는다(대법원 2009. 10. 29. 자 2009마1311 결정).
2. 상법 제386조 제1항의 규정에 따라 퇴임이사가 이사의 권리의무를 행할 수 있는 것은 법률 또는 정관에 정한 이사의 원수를 결한 경우에 한정되는 것이므로, 퇴임할 당시에 법률 또는 정관에 정한 이사의 원수가 충족되어 있는 경우라면 퇴임하는 이사는 임기의 만료 또는 사임과 동시에 당연히 이사로서의 권리의무를 상실하는 것이고, 그럼에도 불구하고 그 이사가 여전히 이사로서의 권리의무를 실제로 행사하고 있는 경우에는 그 권리의무의 부존재확인청구권을 피보전권리로 하여 직무집행의 정지를 구하는 가처분신청이 허용된다(대법원 2009. 10. 29. 자 2009마1311 결정).

나. 임의의 이행을 구하는 가처분

임의의 이행을 구하는 가처분은 원칙으로는 집행가능한 것을 전제로 하나, 집행이 가능하지 않다 해도 가처분의 목적이 달성되는 경우 즉, 집행을 예정하지 아니하고 채무자의 임의의 이행을 기대하는 경우에도 허용된다. 가령, 해고무효확인소송을 제기하면서 근로자지위보전가처분과 임금지급가처분을 병합하여 신청하는 경우가 이에 해당한다.

다. 만족적 가처분

만족적 가처분은 본안소송의 판결확정 전 또는 그 집행 전에 가처분신청인에게 피보전권리인 권리 또는 법률관계의 내용의 전부 또는 일부가 실현된 것과 같은 결과를 주는 가처분이다. 이러한 가처분은 이행소송을 본안으로 하는 이행적 가처분에 한하지 아니하고, 널리 형성소송 등을 본안으로 하는 형성적 가처분도 포함한다. 이행적가처분의 예로는 회계장부열람등사가처분 등이 있으며, 형성적 가처분으로서는 직무집행정지가처분 등이 있다. 이행적(단행적)가처분의 경우에는 가처분명령의 취소로 가처분명령 전의 원상회복이 이루어지지 않는다. 따라서, 채무자는 가처분 집행 전 원상회복제도(법 308조), 집행정지제도(법 309조)에 의하여 보호된다. 만족적 가처분의 재판은 사실상 본안과 크게 다르지 않으므로 변론기일 또는 채무자가 참석할 수 있는 심문기일을 열어야 한다.

> **▎ 관련판례**
>
> 가처분의 피보전권리는 채무자가 소송과 관계없이 스스로 의무를 이행하거나 본안소송에서 피보전권리가 존재하는 것으로 판결이 확정됨에 따라 채무자가 의무를 이행한 때에 비로소 법률상 실현되는 것이어서, 민사집행법상 다툼이 있는 권리관계에 대하여 임시의 지위를 정하는 가처분의 집행에 의하여 피보전권리가 실현된 것과 마찬가지의 상태가 사실상 달성되었다 하더라도 그것은 어디까지나 임시적인 것에 지나지 않으므로, 가처분 집행에 의하여 임시의 이행상태가 작출되었다 하더라도 본안소송의 심리에서는 그와 같은 임시적, 잠정적 이행상태를 고려함이 없이 본안소송의 당부를 판단하여야 한다.
>
> 다만 그와 같은 임시적, 잠정적 이행상태가 계속되는 동안 피보전권리에 관하여 가처분 집행과는 별개의 새로운 사태가 발생한 경우에는 이를 본안소송의 심리에서 고려하여야 할 것이나, 그러한 사태가 당해 가처분 결정 당시부터 예정되어 있었던 것으로 사실상 가처분의 목적에 해당하여 이미 그 필요성에 대한 법원의 심리를 거쳤을 뿐만 아니라 당해 가처분 집행의 결과로 발생한 것이어서 실질적으로 당해 가처분 집행의 일부를 이룬다고 볼 만한 특별한 사정이 있는 때에는 그와 같은 새로운 사태를 고려함이 없이 본안청구의 당부를 판단하여야 한다(대법원 2011. 2. 24. 선고 2010다75754 판결).

라. 부작위를 명하는 가처분

부작위를 명하는 가처분이란 채무자의 일정한 행위를 금지시키는 것을 내용으로 하는 가처분을 말한다. 신주발행금지가처분, 출입금지가처분, 공사금지가처분, 점유방해금지가처분 등이 있다.

II. 가처분의 신청요건

1. 다툼의 대상에 관한 가처분

다툼의 대상이 되는 가처분의 피보전권리는 금전 외의 특정급여청구권이다. 본안소송은 주로 금전지급 이외의 이행의 소이다. 가령, 부동산의 공유자는 공유물분할청구의 소를 본안으로 제기하기에 앞서 장래에 그 판결이 확정됨으로써 취득할 부동산의 전부 또는 특정 부분에 대한 소유권 등의 권리를 피보전권리로 하여 다른 공유자의 공유지분에 대한 처분금지가처분을 해둔다(대법원 2013. 6. 14. 자 2013마396 결정). 그리고, 어느 부동산의 전부에 관하여 가처분이 되어 있더라도 가처분 당시 그 부동산의 일부에 대해서만 피보전권리가 인정된다면 그 피보전권리 없는 부분의 가처분은 무효이지만, 피보전권리가 인정되는 부분의 가처분은 유효하다.

2. 임시의 지위를 정하기 위한 가처분

임시의 지위를 정하기 위한 가처분의 피보전권리는 그 권리관계가 현존하는 것이어야 한다. 제기할 법적 근거가 없는 형성의 소를 본안소송으로 하는 경우에는 허용되지 않는다. 민법상 법인의 청산인(민 84조), 주식회사의 이사·감사(상 385조, 407조 415조), 주식회사의 청산인(상 539조, 542조), 유한회사의 이사 청산인(상 567조, 613조)의 경우에는 해임청구권이 명문으로 규정되어 있으므로, 해임청구권을 보전하기 위한 직무집행정지가처분이 허용되나, 민법상 법인의 이사, 법인 아닌 사단의 대표자, 합명회사 및 합자회사의 대표자 등의 경우에는 해임청구권에 대한 법률상 명문의 규정이 없으므로 이러한 가처분이 허용되지 않는다. 그렇다면, 명문의 규정이 없는 경우에 대표들이 위법한 행위를 한 경우에는 어떻게 조치를 취해야 할까. 소집 결의를 통하여 해임할 수 밖에 없다. 왜냐하면, 명문의 규정이 없는 해임청구권을 보전하기 위한 가처분은 허용될 수 없기 때문이다.

▌관련판례

1. 기존 법률관계의 변경·형성의 효과를 발생함을 목적으로 하는 형성의 소는 법률에 특별한 규정이 있는 경우에 한하여 허용되는데, 학교법인 이사장에 대하여 불법행위를 이유로 그 해임을 청구하는 소송은 형성의 소에 해당하는바, 이를 허용하는 법적 근거가 없으므로 이를 피보전권리로 하는 이사장에 대한 직무집행정지 및 직무집행대행자 선임의 가처분은 허용되지 않는다(대법원 1997. 10. 27. 자 97마2269 결정).

2. 기존 법률관계의 변경·형성을 목적으로 하는 형성의 소는 법률에 명문의 규정이 있는 경우에 한하여 제기할 수 있는바, 조합의 이사장 및 이사가 조합업무에 관하여 위법행위 및 정관위배행위 등을 하였다는 이유로 그 해임을 청구하는 소송은 형성의 소에 해당하는데, 이를 제기할 수 있는 법적 근거가 없으므로, 조합의 이사장 및 이사 직무집행정지 가처분은 허용될 수 없다(대법원 2001. 1. 16. 선고 2000다45020 판결).

3. 조합이 해산한 때 청산은 총조합원 공동으로 또는 그들이 선임한 자가 그 사무를 집행하고 청산인의 선임은 조합원의 과반수로써 결정한다(민법 제721조 제1항, 제2항). 민법은 조합원 중에서 청산인을 정한 때 다른 조합원의 일치가 아니면 청산인인 조합원을 해임하지 못한다고 정하고 있을 뿐이고(제723조, 제708조), 조합원이 법원에 청산인의 해임을 청구할 수 있는 규정을 두고 있지 않다. 민법상 조합의 청산인에 대하여 법원에 해임을 청구할 권리가 조합원에게 인정되지 않으므로, 특별한 사정이 없는 한 그와 같은 해임청구권을 피보전권리로 하여 청산인에 대한 직무집행정지와 직무대행자선임을 구하는 가처분은 허용되지 않는다(대법원 2020. 4. 24. 자 2019마6918 결정).

III. 가처분의 신청 및 재판

1. 관할 및 신청

가처분은 본안의 관할법원 또는 다툼의 대상이 있는 곳을 관할하는 지방법원이 관할한다(법 303조). 가처분신청은 신청서의 제출로 하고, 신청서에 붙일 인지액은 1만원이다. 다만, 임시의 지위를 정하기 위한 가처분의 신청(이에 대한 이의신청·취소신청)은 그 본안의 소에 따른 인지액의 1/2 에 해당하는 인지를 붙여야 하고, 이 경우 인지액의 상한액은 50만 원으로 한다.

2. 심리 및 결정

가처분신청에 대한 심리방식은 임의적 변론의 방식이다. 즉 서면심리, 심문을 거치는 심리 또는 변론심리로 할 수 있다. 다만 임시의 지위를 정하기 위한 가처분의 경우는 변론기일 또는 채무자가 참석할 수 있는 심문기일을 열어야 한다(법 304조 본문). 심리의 순서는 원칙적으로 피보전권리를 심리한 다음 보전의 필요성을 심리한다. 법원은 가처분신청관계를 분명하게 하기 위하여 직권에 의한 석명처분(법 23조 1항, 민소 140조 1항 4호)으로서 현장검증 또는 감정을 할 수 있다. 가령, 일조권 침해를 원인으로 한 공사금지가처분신청사건은 현장검증과 감정을 통상적으로 신청한다.

> ▌관련판례
>
> 주식회사의 주주는 주식의 소유자로서 회사의 경영에 이해관계를 가지고 있다고 할 것이나, 회사의 재산관계에 대하여는 단순히 사실상, 경제상 또는 일반적, 추상적인 이해관계만을 가질 뿐, 구체적 또는 법률상의 이해관계를 가진다고는 할 수 없고, 직접 회사의 경영에 참여하지 못하고 주주총회의 결의를 통해서 또는 주주의 감독권에 의하여 회사의 영업에 영향을 미칠 수 있을 뿐이므로 주주는 일정한 요건에 따라 이사를 상대로 그 이사의 행위에 대하여 유지(留止)청구권을 행사하여 그 행위를 유지시키거나, 또는 대표소송에 의하여 그 책임을 추궁하는 소를 제기할 수 있을 뿐 직접 제3자와의 거래관계에 개입하여 회사가 체결한 계약의 무효를 주장할 수는 없다. 따라서, 주식회사의 주주가 주주총회결의에 관한 부존재확인의 소를 제기하면서 이를 피보전권리로 한 가처분이 허용되는 경우라 하더라도, 주주총회에서 이루어진 결의 자체의 집행 또는 효력정지를 구할 수 있을 뿐, 회사 또는 제3자의 별도의 거래행위에 직접 개입하여 이를 금지할 권리가 있다고 할 수는 없다(대법원 2001. 2. 28. 자 2000마7839 결정).

심리결과 신청요건의 흠이나 담보제공의 불이행의 경우에는 신청을 각하한다. 한편, 피보전권리나 보전의 필요성이 소명되지 않는 경우에는 신청을 기각한다.

제3절 가처분집행절차

가처분집행은 집행이 처음부터 문제가 되지 않는 경우를 제외하고 가압류의 경우와 마찬가지이다. 원칙적으로 가처분결정의 고지에 의하여 즉시 집행력이 생긴다. 이러한 집행을 하기 위하여 승계집행문 이외의 집행문은 필요하지 않다.

제4절 가처분의 효력

Ⅰ. 가처분과 기판력

가처분재판은 결정으로 하는데 법원은 피보전권리의 존부인 본안에 대하여 판단하지 않기 때문에, 피보전권리의 존부에 대하여는 기판력이 생기지 않는다.

Ⅱ. 점유이전금지가처분의 효력

건물의 멸실, 증·개축 특히 건물의 동일성이 상실되는 훼손 등의 객관적 현상 변경에 대한 조치로서, 대체집행의 규정을 준용하여 법원의 수권결정을 새로 얻어 원상회복의 집행을 해야 한다. 가처분이 집행된 경우 채무자가 가처분에 반하여 제3자에게 점유를 이전한 경우 그 점유의 이전은 가처분채권자와의 관계에서 무효이나, 점유를 취득한 제3자에 대하여 가처분 자체의 효력으로 퇴거를 강제할 수 없다. 이 경우 채무자를 상대로 한 본안승소판결후 제3자에 대한 승계집행문을 부여받아 인도집행해야 한다.

> **관련판례**
>
> 점유이전금지가처분은 그 목적물의 점유이전을 금지하는 것으로서, 그럼에도 불구하고 점유가 이전되었을 때에는 가처분채무자는 가처분채권자에 대한 관계에 있어서 여전히 그 점유자의 지위에 있다는 의미로서의 당사자항정의 효력이 인정될 뿐이므로, 가처분 이후에 매매나 임대차 등에 기하여 가처분채무자로부터 점유를 이전받은 제3자에 대하여 가처분채권자가 가처분 자체의 효력으로 직접 퇴거를 강제할 수는 없고, 가처분채권자로서는 본안판결의 집행단계에서 승계집행문을 부여받아서 그 제3자의 점유를 배제할 수 있다(대법원 1999. 3. 23. 선고 98다59118 판결).

III. 처분금지가처분의 효력

1. 상대적 효력

가. 의의

처분금지가처분은 상대적 효력을 가진다. 처분금지가처분에 위반한 처분행위는 가처분채무자와 그 상대방 및 제3자 사이에는 완전히 유효하고 단지 가처분채권자에게만 대항할 수 없다. 예를 들어, 채무자소유의 부동산에 대하여 처분금지가처분결정이 된 경우에 가처분채무자는 그 부동산을 처분할 수 없는 것이 아니고 다만 그 처분을 가지고 가처분에 저촉하는 범위 내에서 가처분채권자에게 대항할 수 없을 뿐이다.

가처분의 효력은 등기되어야 발생한다. 즉, 부동산에 관한 처분금지가처분결정을 받았더라도 그 가처분은 그 집행에 해당하는 등기에 의하여 비로소 가처분채무자 및 제3자에 대하여 구속력을 갖게 되므로, 가처분등기가 경료되기 이전에 가처분채무자가 그 가처분의 내용에 위반하여 처분행위를 함으로써 제3자 명의의 소유권이전등기가 마쳐진 경우에는 그 소유권이전등기는 완전하게 유효하다.

> **┃ 관련판례**
>
> 1. 채권자가 수익자를 상대로 사해행위취소로 인한 원상회복을 위하여 소유권이전등기 말소등기청구권을 피보전권리로 하여 그 목적부동산에 대한 처분금지가처분을 발령받은 경우, 그 후 수익자가 계약의 해제 또는 해지 등의 사유로 채무자에게 그 부동산을 반환하는 것은 가처분채권자의 피보전권리인 채권자취소권에 의한 원상회복청구권을 침해하는 것이 아니라 오히려 그 피보전권리에 부합하는 것이므로 위 가처분의 처분금지 효력에 저촉된다고 할 수 없다(대법원 2008. 3. 27. 선고 2007다85157 판결).
> 2. 저당권설정등기청구권을 보전하기 위한 처분금지가처분의 등기가 이미 되어 있는 부동산에 관하여 그 후 소유권이전등기나 처분제한의 등기 등이 이루어지고, 그 뒤 가처분채권자가 본안소송의 승소확정으로 피보전권리 실현을 위한 저당권설정등기를 하는 경우에, 가처분등기 후에 이루어진 소유권이전등기나 처분제한의 등기 등 자체가 가처분채권자의 저당권 취득에 장애가 되는 것은 아니어서 등기가 말소되지는 않지만, 가처분채권자의 저당권 취득과 저촉되는

범위에서는 가처분등기 후에 등기된 권리의 취득이나 처분의 제한으로 가처분채권자에게 대항할 수 없게 된다(대법원 2015. 7. 9. 선고 2015다202360 판결). 이러한 법리는 소유권이전청구권가등기 청구채권을 보전하기 위한 처분금지가처분의 등기가 마쳐진 부동산에 관하여 그 피보전권리 실현을 위한 가등기와 그에 의한 소유권이전의 본등기가 마쳐진 때에도 마찬가지로 적용된다(대법원 2022. 6. 30. 선고 2018다276218 판결).

나. 처분금지가처분의 위반과 가처분채권자의 구제방법

가처분채권자는 가처분채권자의 지위만으로 가처분 이후 경료된 등기의 말소를 청구할 수 없고, 본안에서 승소판결을 받아 가처분에 위반하는 한도에서 말소할 수 있다. 즉, 가처분채권자의 권리가 본안에서 확정될 때까지는 가처분등기 후의 처분행위라도 등기가 허용된다.

예를 들어, 제3취득자는 목적부동산에 관하여 처분금지가처분등기가 되어 있더라도, 그 부동산이 임대된 경우에는 임차인에게 차임의 지급을 청구할 수 있으며, 가처분채무자에게 목적부동산의 인도를 구할 수 있고, 가처분채무자를 상대방으로 하는 다른 사람의 강제집행에 대하여 제3자이의의 소를 제기할 수 있다. 또한, 제3취득자의 채권자도 제3취득자를 채무자로 하여 목적부동산에 대하여 강제집행이나 보전처분을 할 수 있다.

이후, 가처분채권자가 본안에서 승소판결을 받고, 가처분채권자가 가처분채무자를 등기의무자로 하여 권리의 이전·말소 또는 설정의 등기를 신청하는 경우, 대법원규칙으로 정하는 바에 따라 그 가처분등기 이후에 된 등기로서 가처분채권자의 권리를 침해하는 등기의 말소를 단독으로 신청할 수 있는데(부동산등기법 94조 1항), 등기관이 위 신청에 따라 가처분등기 이후의 등기를 말소할 때에는 직권으로 그 가처분등기도 말소해야 하며(부동산등기법 94조 2항), 등기관이 위 신청에 따라 가처분등기 이후의 등기를 말소했을 때에는 지체 없이 그 사실을 말소된 권리의 등기명의인에게 통지하도록 하고 있다(부동산등기법 94조 3항).

다. 선행가등기 내지 선행근저당권이 있는 경우

처분행위가 가처분에 저촉되는 것인지 여부는 그 처분행위에 따른 등기와 가처분등기의 선후에 의하여 정해진다. 그런데 선행가등기 내지 선행근저당권이 있는 경우에 가처분의 효력은 어떻게 해석해야 할까. 가등기는 본등기 순위보전의 효력이 있으므로, 가처분등기보다 먼저 마쳐진 가등기에 의하여 본등기가 마쳐진 경우에는 그 본등기가 설사 가처분등기 뒤에 마쳐졌더라도 채권자에게 대항할 수 없고, 근저당권이 소멸되는 경매 절차에서 부동산이 매각되는 경우에는 근저당권설정등기와 가처분등기의 선후에 따라 채무자가 채권자에게 대항할 수 있는지 여부가 정해지므로, 가처분등기보다 먼저 설정등기가 마쳐진 근저당권이 소멸되는 경매절차에서의 매각으로 채무자가 건물 소유권을 상실한 경우에는 채권자로서도 가처분의 효력을 내세워 채무자가 여전히 그 건물을 철거할 수 있는 지위에 있다고 주장할 수 없다(대법원 2022. 3. 31. 선고 2017다9121 판결).

2. 대위가처분의 효력

갑 소유의 부동산에 관하여 을-병으로 순차 전매된 경우 병이 을을 대위하여 갑을 상대로 처분금지가처분(대위가처분)을 받은 경우, 그 효력은 갑이 을 아닌 제3자에 대한 소유권이전을 금지하는 효력밖에 없다. 갑이 을에게 소유권을 이전하고 을이 병 아닌 제3자에게 소유권이전을 하더라도 가처분의 효력에 위배되지 않으므로 원인무효의 등기가 될 수 없다. 주의를 요한다.

3. 양도담보와 가처분의 효력

양도담보권자가 담보권행사 아닌 다른 처분행위를 하거나, 채무변제 후에도 부동산을 처분하는 것을 방지하기 위한 가처분은 허용된다. 즉, 채무자가 변제를 한 경우에는 채권자에 대하여 소유권이전등기청구권을 가지므로, 이러한 가처분이 있음에도 불구하고 변제를 받은 양도담보권자가 함부로 처분을 한 때에는 양수인의 선의·악의를 불문하고 그 처분행위는 가처분의 효력에 반하여 무효가 되며 채권자가 변제기 전에 처분을 한 경우에는 그 처분행위는 피보전권리의 침해행위로서 가처분의 효력에 반하는 것이므로 무효로 된다. 따라서, 정당한 담보권실행이 아닌 다른 처분행위는 가처분에 의하여 금지되므로 이러한 가처분은 허용된다. 이에 반해, 채무자가 양도담보권자의 담보권 행사를 방지하는 가처분은 허용되지 않는다. 즉, 채무자가 변제를 하지 않아 채권자가 담보권행사로 처분행위를 한 경우, 그 처분행위는 가처분의 효력에 영향을 받지 않고 유효하다.

▎ 관련판례

　채무자들의 차용금채무를 담보하기 위하여 부동산에 관하여 채권자 명의의 가등기 및 본등기가 경료된 경우에 채무자들이 아직 그 차용금채무를 변제하지 아니한 상태라 할지라도, 채무변제를 조건으로 한 말소등기청구권을 보전하기 위하여 그 담보목적 부동산에 관하여 처분금지가처분을 신청할 수도 있다 할 것이며, 그 경우 채권자가 담보목적 부동산에 대한 담보권 행사가 아닌 다른 처분행위를 하거나, 피담보채무를 변제받고서도 담보목적 부동산을 처분하는 것을 방지하는 목적 범위 내에서는 보전의 필요성도 있다고 할 것이다. 다만, 이러한 가처분을 허용한다고 하여도 피담보채무가 변제되지 아니한 경우에는 채권자가 담보권 행사로서 담보목적 부동산의 처분행위를 방지하는 효력이 없어 위 가처분으로서는 채권자의 처분행위의 효력을 다툴 수 없게 될 뿐이다(대법원 2002. 8. 23. 선고 2002다1567 판결).

IV. 임시의 지위를 정하기 위한 가처분의 효력

1. 직무집행정지 및 직무대행자선임가처분의 효력

　법인의 대표자 등에 대한 직무집행정지·직무대행자선임가처분결정은 채무자에게 송달함으로써 효력이 생기고, 이러한 가처분결정에 관한 등기가 마쳐지지 않은 경우에도 당사자에게 여전히 그 효력이 미친다. 직무대행자는 법인의 통상업무(상무)에 속하는 행위를 할 수 있는바, 통상업무에 속하지 않는 행위는 법원에 특별 수권을 받아야 한다.

　가령, 가처분결정에 의하여 선임된 직무대행자가 그 가처분의 본안소송인 이사회결의무효확인의 제1심판결에 대하여 항소권을 포기하는 행위는 학교법인의 통상업무에 속하지 않는다고 보아야 하므로, 그 가처분 결정에 다른 정함이 있거나 관할법원의 허가를 얻지 않고서는 이를 할 수 없다(대법원 2006. 1. 26. 선고 2003다36225 판결).

▎ 관련판례

1. 주식회사 이사의 직무집행을 정지하고 직무대행자를 선임하는 가처분은 성질상 당사자 사이뿐만 아니라 제3자에 대한 관계에서도 효력이 미치므로 가처분에 반하여 이루어진 행위는 제3자에 대한 관계에서도 무효이므로 가처분에 의하여

선임된 이사직무대행자의 권한은 법원의 취소결정이 있기까지 유효하게 존속한다. 또한 등기할 사항인 직무집행정지 및 직무대행자선임 가처분은 상법 제37조 제1항에 의하여 이를 등기하지 아니하면 위 가처분으로 선의의 제3자에게 대항하지 못하지만 악의의 제3자에게는 대항할 수 있고, 주식회사의 대표이사 및 이사에 대한 직무집행을 정지하고 직무대행자를 선임하는 법원의 가처분결정은 그 결정 이전에 직무집행이 정지된 주식회사 대표이사의 퇴임등기와 직무집행이 정지된 이사가 대표이사로 취임하는 등기가 경료되었다고 할지라도 직무집행이 정지된 이사에 대하여는 여전히 효력이 있으므로 가처분결정에 의하여 선임된 대표이사 및 이사 직무대행자의 권한은 유효하게 존속하고, 반면에 가처분결정 이전에 직무집행이 정지된 이사가 대표이사로 선임되었다고 할지라도 그 선임결의의 적법 여부에 관계없이 대표이사로서의 권한을 가지지 못한다(대법원 2014. 3. 27. 선고 2013다39551 판결).

2. 법원의 직무집행정지 가처분결정에 의해 회사를 대표할 권한이 정지된 대표이사가 그 정지기간 중에 체결한 계약은 절대적으로 무효이고, 그 후 가처분신청의 취하에 의하여 보전집행이 취소되었다 하더라도 집행의 효력은 장래를 향하여 소멸할 뿐 소급적으로 소멸하는 것은 아니라 할 것이므로, 가처분신청이 취하되었다 하여 무효인 계약이 유효하게 되지는 않는다(대법원 2008. 5. 29. 선고 2008다4537 판결).

2. 신주발행금지가처분 및 의결권행사금지가처분의 효력

신주발행금지가처분을 위반하여 신주를 발행했다고 하여 이를 곧 무효라고 보는 것이 아니라, 법령이나 정관의 중대한 위반 또는 현저한 불공정이 있어 그것이 주식회사의 본질이나 회사법의 기본원칙에 반하거나 기존 주주들의 이익과 회사의 경영권이나 지배권에 중대한 영향을 미치는 경우로서 신주와 관련된 거래의 안전, 주주 그 밖의 이해관계인의 이익 등을 고려하더라도 도저히 묵과할 수 없는 정도 라고 평가되는 경우에 한하여 신주의 발행을 무효로 할 수 있다(대법원 2010. 4. 29. 선고 2008다65860 판결).

비슷한 법리로 의결권행사금지가처분과 동일한 효력이 있는 강제조정 결정에 위반하는 의결권행사로 주주총회 결의에 가결정족수 미달의 하자 여부가 문제된 사안에서, 가처분의 본안소송에서 가처분의 피보전권리가 없음이 확정됨으로써 그 가처분이 실질적으로 무효임이 밝혀진 이상 위 강제조정 결정에 위반하는 의결권 행사는 결국 가처분의 피보전권리를 침해한 것이 아니어서 유효하다(대법원 2010. 1. 28. 선고 2009다3920 판결)고 하여 가처분에 위반된 회사법상의 행위를 무조건적으로 무효로 보는 것이 아니라, 피보전권리의 존부와 기타 본안소송의 파급효를 고려하여 가처분의 효력 범위를 조정하고 있는 것으로 이해하면 된다.

제5절 가처분 등의 경합

Ⅰ. 가처분과 가처분의 경합

가처분은 그 내용이 다양하므로 상호 모순·저촉되지 않는 범위 내에서만 경합이 허용된다. 즉, 선행가처분과 내용이 서로 저촉되는 후행가처분을 받아 사실상 선행가처분을 폐지·변경하거나 그 집행을 배제하는 목적을 달성하도록 하는 것은 허용되지 않는다.

Ⅱ. 가처분과 가압류의 경합

1. 부동산

부동산에 대한 가압류와 가처분이 경합하는 경우 처분의 금지라는 점에서 양자의 효력이 양립할 수 없어 그 효력의 순위는 집행의 선후에 따라 결정한다. 즉, 부동산에 대한 처분금지가처분이 유효하게 집행된 이후 가압류가 집행된 이른바 가처분선행형의 경우, 가처분채권자가 그 본안소송에서 승소판결을 받아 확정되면 가처분채권자는 가처분등기 후에 경료된 그에 위반되는 가압류등기의 말소를 단독으로 신청할 수 있다. 한편, 부동산에 대한 가압류가 유효하게 집행된 이후 처분금지가처분이 집행된 이른바 가압류선행형의 경우, 가압류채권자가 그 본안소송에서 승소판결을 받아 가압류에 기한 본압류로 이전하여 강제집행을 할 수 있고, 가압류등기 후에 경료된 가처분등기 및 이에 기한 본등기는 매수인이 인수하지 않은 부동산의 부담으로 말소의 대상이 된다.

2. 채권에 대한 가압류와 가처분이 경합하는 경우

금전채권에 대한 가압류와 처분금지가처분이 경합된 경우, 집행의 선후에 따라 효력의 우열이 정해지는 선집행우선설이 현재 실무의 태도이다. 즉, 채권자가 채무자의 금전채권에 대하여 가처분결정을 받아 가처분결정이 제3채무자에게 송달되고 그 후 본안소송에서 승소하여 확정되었다면, 가처분결정의 송달 이후에 실시된 가압류 등의 보전처분 또는 그에 기한 강제집행은 가처분의 처분금지 효력에 반하는 범위 내에서는 가처분채권자에게 대항할 수 없다는 입장이다(대법원 2014. 6. 26. 선고 2012다116260 판결).

한편, 부동산에 관한 소유권이전등기청구권에 대한 가압류와 처분금지가처분이 경합된 경우의 우열은 어떻게 보아야 할까. 소유권이전등기청구권에 대한 가압류가 있기 전에 소유권이전등기청구권을 보전하기 위하여 "채무자는 소유권이전등기청구권을 양도하거나 기타 일체의 처분행위를 하여서는 아니 된다. 제3채무자는 채무자에게 소유권이전등기절차를 이행하여서는 아니 된다."라는 소유권이전등기청구권 처분금지가처분이 있었다고 하더라도 그 가처분이 뒤에 이루어진 가압류에 우선하는 효력은 없으므로, 그 가압류는 가처분채권자와 사이의 관계에서도 유효하고, 이는 소유권이전등기청구권에 대한 압류의 경우에도 마찬가지이다(대법원 2001. 10. 9. 선고 2000다51216 판결). 즉, 이 부분에 대한 해석은 가압류채권자는 가처분의 해제를 조건으로 하지 않고 가압류의 효력에 기하여 그 권리를 행사할 수 있다는 점에서 가압류가 가처분에 우선하는 가압류우선설로 해석한다.

III. 가압류 · 가처분과 강제집행의 경합의 경우 우열관계

1. 가압류와 강제집행의 경합의 경우

경매개시결정등기 전에 부동산에 가압류를 한 채권자는 배당요구의 필요 없이 당연히 배당받을 권리를 가지지만, 경매개시결정등기 후에 부동산을 가압류한 채권자는 배당요구를 하여야 배당받을 수 있다.

2. 가처분과 강제집행의 경합의 경우

처분금지가처분이 되어 있는 부동산에 한 다른 채권자의 강제집행은 유효하고, 가처분채권자가 후에 본안소송에서 승소확정판결을 얻는 때에 비로소 그 강제집행의 결과를 부인할 수 있다. 따라서, 강제집행 진행 중에 가처분의 존재만으로는 아직 가처분권자가 소유권 또는 점유할 권리가 있는 자가 아니므로 제3자이의의 소를 제기할 수 없다.

경매개시결정 전의 가처분의 경우 중 그 가처분이 저당권 또는 가압류 이전의 최선순위인 때에는 매수인이 이를 인수하므로, 가처분채권자가 본안소송에서 승소확정판결을 받은 때에 매수인은 대항할 수 없다. 이에 실무에서는 통상적으로 최선순위 처분금지가처분이 있는 부동산에 대해서는 경매개시결정을 하고 이를 등기한 다음 경매절차를 사실상 정지하여 가처분의 결과를 기다린 이후 경매절차를 진행하여 매수인의 피해를 최소화 하도록 운용하고 있다. 다만, 경매개시결정 전의 가처분도 그 가처분이 저당권 또는 가압류 이후의 것인 때에는 목적부동산이 매각되면 소제주의에 따라 소멸되는 것으로 본다.

강제집행에 의하여 이미 압류된 부동산에 대해서도 처분금지가처분을 할 수 있겠으나, 가처분채권자는 매수인에게 대항할 수 없다.

부록 | 판례색인

대법원 1976. 2. 24. 선고 75다1240 판결 ········ 14
대법원 1978. 10. 10. 선고 78다910 판결 ······ 119
대법원 1980. 1. 29. 선고 79다1223 판결 ········ 50
대법원 1981. 1. 27. 선고 79다1846 판결 ········ 81
대법원 1982. 9. 14. 선고 81다527 판결 ··········· 50
대법원 1987. 3. 24. 선고 86다카1588 판결 ····· 117
대법원 1987. 5. 12. 선고 86다카2070 판결 ······ 35
대법원 1990. 12. 26. 선고 90다카24816 판결
·· 124
대법원 1991. 3. 29. 자 89그9 결정 ················· 14
대법원 1991. 10. 11. 선고 91다21640 판결 ······· 3
대법원 1992. 4. 10. 선고 91다41620 판결 ······ 46
대법원 1992. 11. 11. 자 92마719 결정 ········· 119
대법원 1993. 7. 27. 선고 92다48017 판결 ····· 133
대법원 1993. 9. 14. 선고 93다16758 판결 ····· 130
대법원 1993. 9. 28. 선고 92다55794 판결 ····· 103
대법원 1994. 2. 22. 선고 93다42047 판결 ······ 23
대법원 1994. 4. 26. 선고 93다24223 전원합의체 판결
·· 100
대법원 1994. 5. 13. 자 94마542·543 결정 ······ 22
대법원 1994. 8. 26. 선고 93다44739 판결 ······ 96
대법원 1995. 5. 12. 선고 93다44531 판결 ······ 13
대법원 1995. 11. 10. 선고 95다37568 판결 ····· 47
대법원 1996. 12. 20. 선고 96다42628 판결 ····· 21
대법원 1997. 3. 14. 선고 96다54300 판결 ···· 112
대법원 1997. 4. 25. 선고 96다52489 판결 ······ 47
대법원 1997. 10. 27. 자 97마2269 결정 ········ 148

대법원 1998. 5. 30. 자 98그7 결정 ················· 29
대법원 1998. 6. 12. 선고 98다6800 판결 ········ 97
대법원 1999. 2. 9. 선고 98다42615 판결 ······ 138
대법원 1999. 3. 23. 선고 98다59118 판결 ···· 150
대법원 1999. 4. 13. 선고 98다52513 판결 ···· 131
대법원 1999. 6. 11. 선고 98다52995 판결 ······ 49
대법원 2000. 1. 21. 선고 99다3501 판결 ········ 93
대법원 2000. 4. 11. 선고 99다23888 판결 ···· 139
대법원 2000. 10. 6. 선고 2000다31526 판결 ·· 114
대법원 2001. 1. 16. 선고 2000다45020 판결 ·· 148
대법원 2001. 1. 19. 선고 2000다58132 판결 ···· 56
대법원 2001. 2. 23. 선고 98다26484 판결
·· 55, 122
대법원 2001. 2. 28. 자 2000마7839 결정 ······ 149
대법원 2001. 5. 29. 선고 2000다32161 판결 ···· 57
대법원 2001. 10. 9. 선고 2000다51216 판결 ·· 157
대법원 2002. 1. 22. 선고 2001다70702 판결 ···· 72
대법원 2002. 3. 29. 선고 2000다33010 판결 ···· 51
대법원 2002. 4. 26. 선고 2000다30578 판결
·· 14, 136
대법원 2002. 4. 26. 선고 2001다59033 판결 ·· 140
대법원 2002. 7. 26. 선고 2001다68839 판결 ·· 100
대법원 2002. 8. 21. 자 2002카기124 결정 ······ 30
대법원 2002. 8. 23. 선고 2000다29295 판결 ···· 80
대법원 2002. 8. 23. 선고 2002다1567 판결 ···· 154
대법원 2002. 9. 4. 선고 2001다63155 판결 ······ 89
대법원 2002. 9. 6. 선고 2000다71715 판결 ···· 131

대법원 2002. 10. 11. 선고 2002다33137 판결 ··· 124
대법원 2002. 10. 22. 선고 2000다59678 판결 ··· 121
대법원 2002. 10. 25. 선고 2002다39371 판결 ··· 139
대법원 2002. 11. 13. 선고 2002다41602 판결 ·· 15
대법원 2003. 2. 14. 선고 2002다64810 판결 ··· 33, 34
대법원 2003. 4. 11. 선고 2003다3850 판결 ······ 76
대법원 2003. 4. 25. 선고 2002다70075 판결 ···· 77
대법원 2003. 5. 13. 선고 2003다16238 판결 ·· 103
대법원 2003. 5. 30. 선고 2001다10748 판결 ·· 101
대법원 2003. 6. 18. 자 2003마793 결정 ········ 136
대법원 2003. 7. 25. 선고 2002다39616 판결 ···· 97
대법원 2003. 10. 6. 자 2003마1438 결정 ········ 64
대법원 2003. 10. 10. 선고 2001다77888 판결 ··· 121
대법원 2004. 4. 9. 선고 2002다58389 판결 ···· 136
대법원 2004. 5. 28. 선고 2003다70041 판결 ·· 138
대법원 2004. 6. 24. 선고 2003다59259 판결 ···· 79
대법원 2004. 8. 17. 자 2004카기93 결정 ······ 122
대법원 2004. 8. 20. 선고 2004다24168 판결 ·· 117
대법원 2004. 12. 23. 선고 2004다56554 판결 ··· 110
대법원 2004. 12. 24. 선고 2004다45943 판결 ·· 96
대법원 2005. 4. 14. 선고 2004다72464 판결 ···· 87
대법원 2005. 4. 15. 선고 2004다70024 판결 ··· 115, 116
대법원 2005. 8. 25. 선고 2005다14595 판결 ···· 91
대법원 2005. 9. 9. 선고 2003다7319 판결 ······ 109
대법원 2005. 11. 10. 선고 2005다41443 판결 ·· 43
대법원 2005. 12. 19. 자 2005그128 결정 ······ 19
대법원 2006. 1. 26. 선고 2003다36225 판결 ···· 154
대법원 2006. 1. 26. 선고 2005다54999 판결 ···· 44

대법원 2006. 3. 9. 선고 2005다65180 판결 ···· 110
대법원 2006. 8. 24. 선고 2004다26287,26294 판결 ··· 132
대법원 2006. 10. 13. 선고 2006다23138 판결 ·· 19
대법원 2006. 11. 24. 선고 2006다35223 판결 ··· 132
대법원 2007. 1. 11. 선고 2005다47175 판결 ·· 140
대법원 2007. 4. 12. 선고 2005다1407 판결 ·· 116
대법원 2007. 5. 31. 선고 2006다85662 판결 ·· 55
대법원 2007. 9. 20. 선고 2006다68902 판결 ·· 134
대법원 2007. 10. 25. 선고 2007다29515 판결 129
대법원 2007. 11. 15. 선고 2007다62963 판결 ··· 108, 110
대법원 2007. 11. 29. 선고 2005다64255 판결 ·· 84
대법원 2008. 1. 17. 선고 2007다73826 판결 ·· 114
대법원 2008. 2. 1. 선고 2005다23889 판결 ···· 46
대법원 2008. 3. 13. 선고 2006다29372,29389 판결 ··· 126
대법원 2008. 3. 27. 선고 2007다85157 판결 ·· 151
대법원 2008. 5. 29. 선고 2008다4537 판결 ···· 155
대법원 2008. 12. 12. 자 2008마1774 결정 ······ 10
대법원 2008. 12. 22. 자 2008마1752 결정 ······ 40
대법원 2008. 12. 24. 선고 2008다65396 판결 ··· 125
대법원 2009. 1. 15. 선고 2008다70763 판결 ···· 61
대법원 2009. 2. 12. 선고 2006다88234 판결 ·· 115
대법원 2009. 2. 26. 선고 2006다24872 판결 ···· 56
대법원 2009. 4. 9. 선고 2009다1894 판결 ···· 53
대법원 2009. 5. 14. 선고 2008다17656 판결 ·· 125
대법원 2009. 5. 28. 선고 2008다79876 판결 ··· 19, 42, 43
대법원 2009. 5. 28. 자 2007마767 결정 ········ 112
대법원 2009. 6. 11. 선고 2009다18045 판결 ···· 31
대법원 2009. 7. 9. 선고 2006다73966 판결 ···· 44
대법원 2009. 7. 23. 선고 2008다79524 판결 ···· 56

대법원 2009. 10. 29. 선고 2008다51359 판결 ·· 43
대법원 2009. 10. 29. 자 2009마1311 결정 ····· 145
대법원 2010. 1. 28. 선고 2009다3920 판결 ···· 156
대법원 2010. 2. 25. 선고 2009도5064 판결 ······ 17
대법원 2010. 3. 25. 선고 2007다35152 판결 ·· 116
대법원 2010. 4. 29. 선고 2008다65860 판결 ·· 155
대법원 2010. 6. 24. 선고 2009다40790 판결
.... 63, 84
대법원 2010. 6. 24. 선고 2010다12852 판결 ···· 42
대법원 2010. 7. 26. 자 2010마900 결정 ···· 63, 84
대법원 2010. 9. 9. 선고 2010다28031 판결 ······ 74
대법원 2010. 10. 14. 선고 2007다90432 판결 ·· 76
대법원 2010. 10. 14. 선고 2010다48455 판결
.... 98, 142
대법원 2010. 10. 14. 선고 2010다53273 판결
.... 142, 144
대법원 2010. 10. 28. 선고 2010다57213·57220
판결 ·· 100
대법원 2011. 2. 10. 선고 2010다90708 판결 ···· 93
대법원 2011. 2. 24. 선고 2010다75754 판결 ·· 146
대법원 2011. 5. 13. 선고 2011다10044 판결 ···· 95
대법원 2011. 6. 15. 자 2010마1059 결정 ······ 127
대법원 2011. 7. 28. 선고 2010다70018 판결 ···· 87
대법원 2011. 8. 18. 선고 2011다35593 판결 ······ 8
대법원 2011. 11. 24. 선고 2009다19246 판결   139
대법원 2012. 1. 12. 선고 2011다78606 판결 ···· 57
대법원 2012. 2. 16. 선고 2011다45521 전원합의체
판결 ·· 102
대법원 2012. 4. 13. 선고 2011다92916 판결 ···· 33
대법원 2012. 4. 13. 선고 2011다93087 판결 ···· 32
대법원 2012. 5. 17. 선고 2011다87235 전원합의체
판결 ·· 101
대법원 2012. 9. 13. 자 2011그213 결정 ······· 127
대법원 2013. 1. 10. 선고 2012다75123·75130 판결
.... 48

대법원 2013. 2. 28. 선고 2010다57350 판결 ···· 61
대법원 2013. 3. 28. 선고 2012다112381 판결 ·· 53
대법원 2013. 4. 26. 자 2009마1932 결정 ········ 92
대법원 2013. 5. 9. 선고 2012다4381 판결 ······· 23
대법원 2013. 6. 14. 자 2013마396 결정 ········ 147
대법원 2013. 10. 31. 선고 2011다98426 판결
.... 109
대법원 2013. 11. 14. 선고 2013다18622,18639 판결
.... 133
대법원 2013. 11. 14. 선고 2013다27831 판결 ·· 70
대법원 2014. 1. 23. 선고 2011다83691 판결 ···· 87
대법원 2014. 2. 19. 자 2013마2316 결정 ········ 13
대법원 2014. 3. 27. 선고 2011다49981 판결 ···· 43
대법원 2014. 3. 27. 선고 2013다39551 판결 ·· 155
대법원 2014. 6. 12. 선고 2012다47548·47555 판결
.... 18
대법원 2014. 6. 26. 선고 2012다116260 판결
.... 157
대법원 2014. 10. 27. 선고 2013다91672 판결
.... 126
대법원 2014. 11. 13. 선고 2010다63591 판결
.... 108, 135
대법원 2015. 1. 29. 선고 2012다111630 판결 ·· 27
대법원 2015. 2. 26. 선고 2014다228778 판결 ·· 74
대법원 2015. 5. 14. 선고 2014다12072 판결 ·· 102
대법원 2015. 7. 9. 선고 2015다202360 판결
.... 71, 152
대법원 2015. 9. 10. 선고 2013다216273 판결
.... 124
대법원 2015. 10. 29. 선고 2015다30442 판결 ·· 84
대법원 2016. 3. 24. 선고 2015다248137 판결
.... 115
대법원 2016. 5. 24. 선고 2015다250574 판결 ·· 20
대법원 2016. 5. 27. 선고 2015다21967 판결 ···· 28
대법원 2016. 6. 23. 선고 2015다52190 판결 ···· 33

대법원 2016. 7. 29. 선고 2016다13710·13727 판결 ·· 89
대법원 2016. 8. 18. 선고 2014다225038 판결 ·· 12, 14
대법원 2016. 8. 24. 선고 2014다80839 판결 ······ 4
대법원 2016. 8. 29. 선고 2015다236547 판결 ·· 98, 114
대법원 2016. 12. 29. 선고 2016다22837 판결 ··································· 117
대법원 2017. 4. 7. 선고 2016다35451 판결 ···· 133
대법원 2017. 8. 21. 자 2017마499 결정 ·········· 98
대법원 2017. 10. 26. 선고 2015다224469 판결 ·· 43
대법원 2017. 12. 28. 자 2017그100 결정 ········ 31
대법원 2018. 6. 28. 선고 2016다203056 판결 ·· 98
대법원 2019. 1. 31. 선고 2015다26009 판결 ···· 28
대법원 2019. 7. 18. 선고 2014다206983 전원합의체 판결 ··· 92
대법원 2019. 7. 25. 선고 2019다212945 판결 ··· 111
대법원 2019. 11. 28. 선고 2019다235733 판결 ··· 23
대법원 2019. 12. 12. 선고 2019다256471 판결 ····································· 98, 107
대법원 2020. 4. 24. 자 2019마6918 결정 ······ 148
대법원 2020. 8. 20. 선고 2020다38952·38969 판결 ··· 90
대법원 2020. 9. 3. 선고 2018다273608 판결 ···· 94
대법원 2020. 10. 15. 선고 2017다216523 판결 ··· 92
대법원 2020. 10. 15. 선고 2017다228441 판결 ··· 89
대법원 2020. 10. 29. 선고 2016다35390 판결 ··· 113
대법원 2020. 11. 26. 선고 2020두42262 판결 ···· 22
대법원 2021. 2. 5. 선고 2016다232597 판결 ···· 72

대법원 2021. 6. 24. 선고 2016다268695 판결 ·· 32
대법원 2021. 7. 22. 선고 2020다248124 전원합의체 판결 ··· 5
대법원 2021. 9. 15. 선고 2021다224446 판결 ·· 15
대법원 2021. 10. 14. 선고 2016다201197 판결 ··· 85
대법원 2021. 12. 16. 선고 2018다226428 판결 ··· 104
대법원 2021. 12. 30. 선고 2018다268538 판결 ··· 125
대법원 2022. 1. 27. 선고 2017다256378 판결 ··· 134
대법원 2022. 3. 31. 선고 2017다9121 판결 ···· 153
대법원 2022. 3. 31. 선고 2017다263901 판결 ·· 96
대법원 2022. 4. 14. 선고 2019다249381 판결 ································· 108, 111
대법원 2022. 4. 14. 선고 2021다299372 판결 ·· 48
대법원 2022. 4. 28. 선고 2020다299955 판결 ·· 70
대법원 2022. 4. 28. 자 2021마7088 결정 ···· 142
대법원 2022. 5. 12. 선고 2019다265376 판결 ·· 64
대법원 2022. 5. 12. 선고 2021다280026 판결 ·· 73
대법원 2022. 5. 17. 자 2021마6251 결정 ········ 59
대법원 2022. 6. 7. 자 2022그534 결정 ············ 37
대법원 2022. 6. 30. 선고 2018다276218 판결 ··· 152
대법원 2022. 7. 28. 선고 2017다286492 판결 ·· 44
대법원 2022. 8. 11. 선고 2017다225619 판결 ··· 120
대법원 2022. 8. 25. 선고 2018다205209 전원합의체 판결 ··· 8
대법원 2022. 9. 29. 선고 2019다278785 판결 ··· 106
대법원 2022. 9. 29. 자 2022마5873 결정 ········ 16
대법원 2022. 10. 27. 선고 2022다254154 판결 ··· 20
대법원 2022. 11. 10. 선고 2022다255607 판결 ·· 5

대법원 2022. 11. 30. 선고 2021다287171 판결 ········ 88
대법원 2022. 12. 1. 선고 2022다247521 판결 ········ 102
대법원 2022. 12. 15. 선고 2022다247750 판결 ········ 139
대법원 2022. 12. 15. 자 2022그768 결정 ········ 34
대법원 2023. 1. 12. 자 2022마6107 결정 ········ 36
대법원 2023. 2. 23. 선고 2022다277874 판결 ···· 5
대법원 2023. 2. 23. 선고 2022다285288 판결 ·· 90
대법원 2023. 3. 30. 선고 2021다264253 판결 ········ 116
대법원 2023. 4. 27. 선고 2019다302985 판결 ·· 45
대법원 2023. 7. 13. 선고 2022다265093 판결 ·· 85
대법원 2023. 7. 14. 자 2023그610 결정 ········ 59
대법원 2023. 7. 27. 선고 2023다228107 판결 ···· 8
대법원 2023. 8. 18. 선고 2023다234102 판결 ·· 88
대법원 2023. 9. 1. 자 2022마5860 결정 ········ 85
대법원 2023. 10. 20. 자 2020마7039 결정 ····· 137

대법원 2023. 11. 7. 자 2023그591 결정 ········ 11
대법원 2023. 11. 9. 선고 2023다256577 판결 ·· 90
대법원 2023. 12. 14. 선고 2022다210093 판결 ········ 99
대법원 2024. 1. 4. 선고 2022다291313 판결 ···· 42
대법원 2024. 2. 8. 선고 2021다206356 판결 ·· 109
대법원 2024. 4. 5. 자 2023마7896 결정 ········ 68
대법원 2024. 6. 13. 선고 2024다231391 판결 ·· 45
대법원 2024. 6. 27. 자 2024마5813 결정 ········ 10
대법원 2024. 7. 11. 자 2024그613 결정 ········ 46
대법원 2024. 8. 19. 자 2024마6339 결정 ······· 120
대법원 2024. 9. 12. 선고 2023다225979 판결 ·· 15
대법원 2024. 10. 25. 선고 2024다233212 판결 ········ 134
대법원 2024. 11. 14. 선고 2024다267871 판결 ········ 48
대법원 2024. 11. 28. 자 2023마6248 결정 ······· 45
대법원 2024. 12. 12. 선고 2024다273869 판결 ········ 45

지은이 이관형 변호사(辯護士), 법학박사(法學博士), 겸임교수(兼任敎授)

[학 력]
인천 세일고 졸업
성균관대 법학과 졸업
경북대 법학전문대학원 졸업
성균관대 일반대학원 법학과 졸업(Ph. D - 조세법)

[경 력]
제7회 변호사시험 합격, 법무법인 세지원 구성원 변호사
베리타스 법학원 민사법 전임강사
강남대학교 정경학부 세무학과 겸임교수(兼任敎授)
한국조세법학회 우수 박사학위 논문상 수상
대법원 국선변호인
인천광역시 환경분쟁조정위원
인천광역시 부평구청 법률고문·재건축분쟁조정위원·행정자치위원·의정비심의위원

[저 술]
학위논문 "상속형 신탁 활성화를 위한 상속·증여 세제 개선방안에 관한 연구" - 지도교수 이전오
학술논문 "상속형 신탁과 유류분의 관계", 「법학논고」 제79권, 2022. 10. - 윤진수 교수님 著 친족상속법 강의 제5판 참고문헌 기재
COMPACT 변시 환경법의 感(이론과 사례)(학연, 2024)
COMPACT 변시 2024년 8모 민사법 해설(학연, 2024)
COMPACT 변시 2024년 10모 민사법 해설(학연, 2024)
COMPACT 2025년 14회 변호사시험 민사법 해설(학연, 2025)
COMPACT 변시 진도별 상법사례연습(학연, 2025)
COMPACT 변시 진도별 민법사례연습(학연, 2025)
COMPACT 변시 진도별 민사소송법사례연습(학연, 2025)
COMPACT 변시 진도별 민법선택연습(기출편)(학연, 2025)
COMPACT 변시 진도별 민사소송법선택연습(기출편)(학연, 2025)
COMPACT 변시 진도별 민법선택연습(모의편)(학연, 2025)
COMPACT 변시 민법의 感(판례편)(학연, 2025)
COMPACT 변시 민법의 感(이론편)(학연, 2025)
COMPACT 변시 청구별 민사기록연습(학연, 2025)
COMPACT 변시 진도별 상법선택연습(기출편)(학연, 2025)
COMPACT 변시 진도별 상법선택연습(모의편)(학연, 2025)
COMPACT 변시 상법의 感(이론편/판례편)(학연, 2025)
COMPACT 변시 민사소송법의 感(이론편/판례편)(학연, 2025)
COMPACT 변시 진도별 민사소송법선택연습(모의편)(학연, 2025)
한 눈에 보는 COMPACT 민사집행법(학연, 2025)
COMPACT 민사법 사례형 모의편(회차별)(학연, 2025)
COMPACT 민사법 사례형 기출편(회차별)(학연, 2025)
COMPACT 변시 2025년 6모 민사법 해설(학연, 2025)

한 눈에 보는 COMPACT 민사집행법

발 행 일 : 2025년 07월 18일(2025년판)
저　　자 : 이 관 형
발 행 인 : 이 인 규
발 행 처 : 도서출판 (주)학연
주　　소 : 충청북도 진천군 백곡면 명암길 341
출판등록 : 2012.02.06. 제445-251002012000013호
www.baracademy.co.kr / e-mail:baracademy@naver.com / Fax : 02-6008-1800

저자와 협의하여
인지를 생략함

정가 : 16,000원　　　　ISBN : 979-11-7495-008-6(93360)

* 파본은 구입하신 서점에서 바꿔드립니다
* 본 서는 저작권법에 의하여 보호를 받는 저작물이므로 무단 전재와 복제를 금합니다.